Jürgen Balzer, Regine Ernst

Herausgeber: Dr. Hans Hahn

Rechnungswesen

Band 1

Zum selbstständigen, strukturierten und differenzierten Lernen mit dem Schülerkiosk „Café Krümel"

Materialienband

1. Auflage, korrigierter Nachdruck

Bestell-Nummer 88888A

www.bildungsverlag1.de

Bildungsverlag EINS GmbH
Sieglarer Straße 2, 53842 Troisdorf

ISBN 978-3-427-**88888**-8

Das zugehörige Arbeitsbuch entstammt der Unterrichtspraxis der Verfasser an einem Berufskolleg, das zugleich sonderpädagogischer Förderort ist. Es versteht sich als ein **methodisches** und **mediales Angebot** für Lehrerinnen und Lehrer, die vornehmlich in den Bildungsgängen des **Berufsgrundschuljahres** und der **Berufsfachschule** (Handelsschule) eines Berufskollegs unterrichten.

Die Unterrichtsarbeit in den genannten Bildungsgängen gewinnt zunehmend den Charakter eines Spannungsfeldes. Inhaltliche und intentionale Vorgaben der Curricula treffen auf die besonderen Belange zunehmend inhomogener Lerngruppen. Die Unterrichtswirklichkeit zeigt, dass zu den grundsätzlich gegebenen Intelligenz- und Lernleistungsunterschieden der Schülerinnen und Schüler in einem zunehmenden Maße **Lern-** und **Leistungsstörungen** hinzukommen. Derartige **Teilleistungsschwächen** sind vor allem in folgenden Bereichen offenkundig:

- Sprachentwicklung
- Lesen
- Schreiben
- Rechnen
- Konzentration
- Gedächtnis
- Motivation

Daneben, oftmals aber auch dadurch bedingt, erschweren persönliche und soziale Verhaltensauffälligkeiten das Lerngeschehen nachhaltig.

Angesichts dieser unterschiedlichen Lerndisposition unterstützt das Arbeitsbuch eine notwendige innere **Differenzierung** und **Individualisierung** der Lernprozesse. Das Unterrichtsmaterial ergänzt das im Unterricht eingeführte Lehrbuch und ist gleichsam der Brückenschlag zwischen dem anspruchsvoll gestalteten Informationsteil des Lehrbuches und den sich daran anschließenden Übungsteilen.

Das Arbeitsbuch orientiert sich in seinem Aufbau an den **Prinzipien**:

- **Veranschaulichung**
  Mit dem Modellunternehmen „Schülerkiosk" beziehen sich die Arbeitsaufträge auf die Erfahrungswelt vieler Schülerinnen und Schüler. Die Herausforderungen des Rechnungswesens werden konkret und nachvollziehbar.

- **Kleinschrittigkeit**
  Die Themenstellungen sind klar strukturiert und werden in kleinen, deutlich abgegrenzten und aufeinanderfolgenden Arbeitsaufträgen bearbeitet.

- **Überschaubarkeit**
  Leitfarben visualisieren thematische Zusammenhänge, **Leitfragen** schaffen Orientierungshilfe. Die überschaubare Gliederung in Übungsblöcke und Arbeitsaufträge schafft Lernsicherheit auch für komplexere Problemstellungen.

- **Selbsttätigkeit**
  Auch kleinste thematische Arbeitsschritte werden zu Arbeitsaufträgen und in praktisches Schülerhandeln umgesetzt.

- **Abnehmende Hilfe**
  Gewährte Lernhilfen wie Leitfarben und Leitfragen werden allmählich zugunsten abstrakterer Arbeitsaufträge zurückgenommen.

- **Verstärkersetzung**
  Cartoons und Rätselblöcke transportieren in ansprechender Form fachliche Kenntnisse. Mind-Maps und Lernkartei schaffen methodische Vielfalt. In ihrer für Lehrmittel unkonventionellen Form fordern sie zur thematischen Auseinandersetzung auf und entwickeln Motivation. Die im Lehrbuch häufig gewählte „Wir-Form" dient einer Identifizierung der Schülerinnen und Schüler mit dem Schüler-Kiosk.

Zur Vorbereitung auf die berufliche Wirklichkeit und Verwertbarkeit verbindet das Arbeitsbuch **fachliche** mit **lern-** und **arbeitsmethodischen Kompetenzen**:

- **Mind-Maping** hilft bei der notwendigen Strukturierung komplexer Inhalte.
- **Lernkartei** als Lernmittel verbessert die Gedächtnisleistung zur Bereitstellung notwendiger Fachbegriffe.

In der vorliegenden Form kann das Arbeitsbuch zur **individuellen Förderung** und in der **Kleingruppenarbeit** eingesetzt werden. Das Arbeitsbuch unterstützt zudem **soziales Lernen**. Die Lernkartei eignet sich diesbezüglich für ein partnerschaftliches Erarbeiten der Lerninhalte; versehen mit Spielregeln entsteht ein motivierender Wettbewerbscharakter.

Das aus Gründen vermehrter Anschauung gewählte Modellunternehmen „Schülerkiosk Café Krümel" bedingt eine didaktische Reduktion der tatsächlichen insbesondere steuerrechtlichen Komplexität bei der Betreibung eines Kleinunternehmens!

Die Verfasser

Inhaltsverzeichnis

6. Kapitel: Die Umsatzsteuer 125

7. Kapitel: Privatbuchungen 151

8. Kapitel: Die große Abschlussprüfung! 165

1. Kapitel: Inventur und Inventar

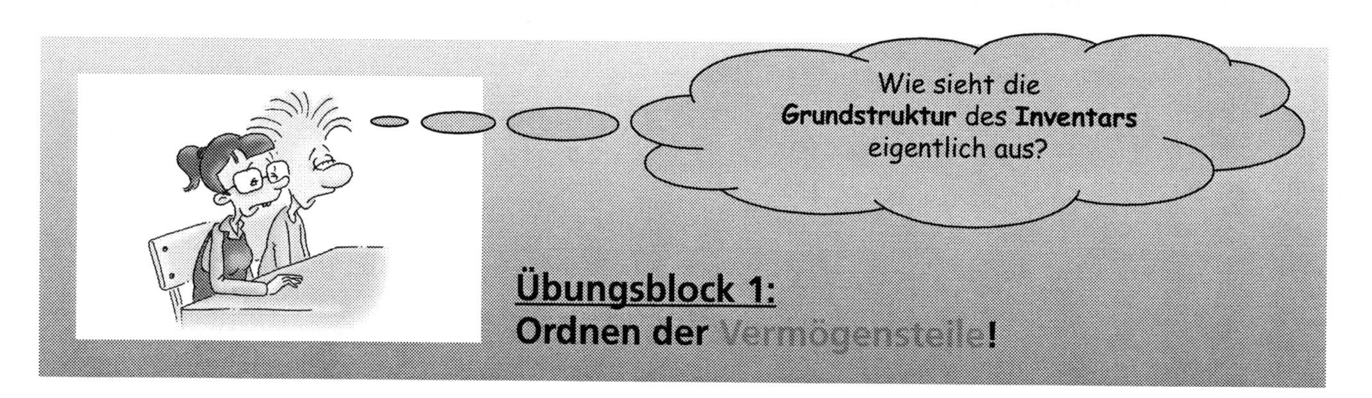

Wie sieht die **Grundstruktur** des **Inventars** eigentlich aus?

Übungsblock 1:
Ordnen der Vermögensteile!

Die alten Kioskbetreiber übergeben Birgit und Ralf folgende ziemlich unsortierte Aufzählung:

Kühlschrank „Deep cool“, Nutzinhalt 248 Liter, Wert: 300,00 €

Geschäftsausstattung

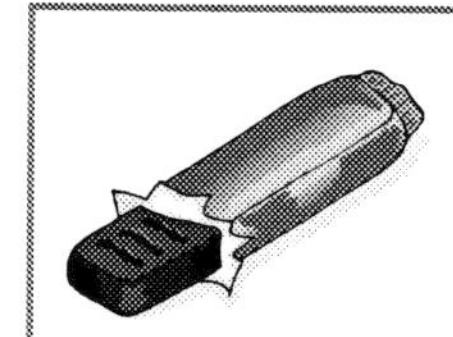

60 Powerriegel „Arni“, Wert: 18,00 €

Waren

Die SV muss dem Schülerkiosk noch 125,00 € für die Getränke zur Abschlussfeier bezahlen.

Forderungen a. LL

Verkaufspavillon aus Nadelholz auf dem Pausenhof, Wert: 2.800,00 €

Gebäude

20 Tafeln Schokolade Vollmilch, Wert: 10,00 €

Waren

Getränkevorrat Cola, Wert: 28,00 €

Waren

aktueller Bestand an Bargeld: 95,00 €

Kasse

20 belegte Brötchen, Wert: 16,00 €

Waren

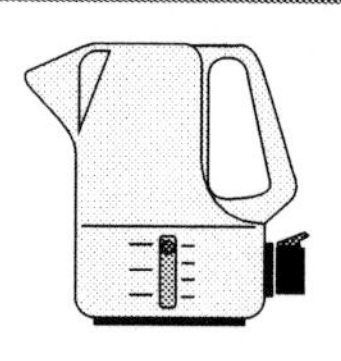

Wasserkocher „Geysir“, Wert: 22,00 €

Geschäftsausstattung

Getränkevorrat Kaffee, Wert: 25,00 €

Waren

Der Überschuss des letzten Geschäftsjahres in Höhe von 480,00 € wurde bei der örtlichen Sparkasse eingezahlt.

Bank

Getränkevorrat Tee,
Wert: 10,00 €

Waren

Getränkevorrat Limonade,
Wert: 24,00 €

Waren

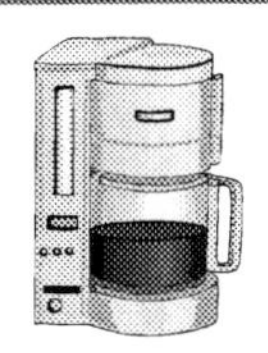

Kaffeemaschine „Tough guy“ für 25 Tassen,
Wert: 45,00 €

Geschäftsausstattung

16 Schoko-Croissants,
Wert: 8,00 €

Waren

Lehrer Klamm muss dem Schülerkiosk noch 2 Kaffee und 2 belegte Brötchen im Wert von 3,60 € bezahlen!

Forderungen a. LL

24 Schokoladen Nuss,
Wert: 12,00 €

Waren

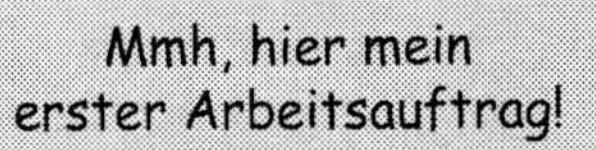
Mmh, hier mein erster Arbeitsauftrag!

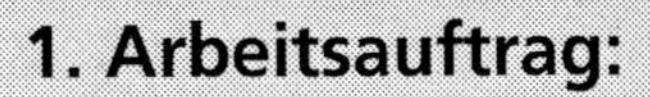

1. Arbeitsauftrag:

- Suchen Sie zu allen oben abgebildeten Vermögensteilen die passenden **Fachbegriffe** und schreiben Sie diese in die entsprechenden grünen Kästchen!

Tipp: Mehrfachnennungen sind sehr wahrscheinlich!

Geschäftsausstattung

Bank

Gebäude

Waren

Forderungen a. LL

Kasse

Sie verlieren mir doch nicht den Überblick?
BUCH-HALTUNG

2. Arbeitsauftrag:

Zusammengehörende Vermögensteile können in Verzeichnissen zusammengefasst werden.

- Schreiben Sie die **zusammengehörenden Vermögensteile** aus dem 1. Arbeitsauftrag in die nachfolgenden **Verzeichnisse**!

Verzeichnis Nr. 1 zu: Geschäftsausstattung

Nr.	Stück	Bezeichnung des Gegenstandes	Bewertung in €
1	1	Kühlschrank „Deep cool"	300,00
2	1	Wasserkocher „Geysir"	22,00
3	1	Kaffeemaschine „Tough guy"	45,00
		Gesamtwert	**367,00**

Verzeichnis Nr. 2 zu: Waren

Nr.	Stück	Bezeichnung des Gegenstandes	Bewertung in €
1	60	Powerriegel „Arni"	18,00
2	20	Tafeln Schokolade, Vollmilch	10,00
3	1	Getränkevorrat, Cola	28,00
4	20	belegte Brötchen	16,00
5	1	Getränkevorrat, Kaffee	25,00
6	1	Getränkevorrat, Tee	10,00
7	1	Getränkevorrat, Limonade	24,00
8	16	Schoko-Croissants	8,00
9	24	Tafeln Schokolade, Nuss	12,00
		Gesamtwert	**151,00**

... keinesfalls, ist doch ganz einfach!!!

Einige Vermögensteile werden **dauernd**, **längere Zeit** oder **mehrmals** genutzt!

Nun gut, andere Vermögensteile werden **verkauft** oder nur **einmalig** genutzt!

3. Arbeitsauftrag:

Im nachfolgenden „Gedankenaustausch" sind die notwendigen Informationen zum Aufbau des Vermögens verborgen.

- Finden Sie die passenden **Fachbegriffe** und markieren Sie diese mit einem grünen Textmarker!
- Übernehmen Sie die gefundenen Fachbegriffe in die vorgefertigte **Übersicht**!

A.	*Vermögen*

→

I.	*Anlagevermögen*

→

II.	*Umlaufvermögen*

Gesamtvermögen

Übungsblock 2:
Ordnen der Verbindlichkeiten!

Verbindlichkeiten sind Schulden!!!

Birgit und Ralf erfahren von ihren Vorgängern im Kiosk-Team des vergangenen Jahres, dass neben dem Vermögen auch noch Verbindlichkeiten bestehen:

Der Getränkehändler Schluck erhält am Monatsende noch 120,00 € vom Schülerkiosk wegen einer Getränkelieferung.

Verbindlichkeiten a. LL

Hausmeister Kruse hat bei der örtlichen Sparkasse ein Darlehen in Höhe von 1.000,00 € für den Kiosk aufgenommen!
Laufzeit: 6 Jahre

Darlehensschulden

Bäcker Jean Croissant hatte zum Schulfest Brötchen geliefert. Die Restsumme von 65,00 € ist vom Schülerkiosk am Monatsende zu bezahlen.

Verbindlichkeiten a. LL

4. Arbeitsauftrag:

- Suchen Sie zu allen oben abgebildeten Verbindlichkeiten die passenden **Fachbegriffe** und schreiben Sie diese in die entsprechenden roten Kästchen!

Tipp: Mehrfachnennungen sind sehr wahrscheinlich!

Verbindlichkeiten a. LL

Darlehensschulden

... und jetzt werden die Verbindlichkeiten auch noch zu **unterschiedlichen Zeitpunkten** fällig!!!

5. Arbeitsauftrag:

Im nachfolgenden Rätselblock sind die notwendigen Fachbegriffe verborgen.

- Finden Sie **Fachbegriffe** heraus und markieren Sie diese mit einem roten Textmarker!
- Übernehmen Sie die gefundenen Begriffe anschließend in die nachfolgende **Übersicht**!

L	A	N	G	F	R	I	S	T	I	G	E	V	E	R	B	I	N	D	L	I	C	H	K	E	I	T	E	N	Z
X	Ä	V	M	I	O	N	I	D	N	E	Ä	V	M	I	O	N	I	W	C	E	V	M	K	L	P	E	B	I	M
I	I	P	Ü	L	U	I	Ä	U	V	E	R	B	I	N	D	L	I	C	H	K	E	I	T	E	N	W	M	X	F
O	M	R	S	X	H	U	K	D	E	J	Y	E	Ä	V	M	I	O	N	U	W	Y	Q	V	J	A	Z	B	C	E
H	X	Ä	I	B	D	H	X	G	N	K	E	H	X	Ä	H	Ü	L	U	L	L	N	I	O	Y	D	G	K	E	W
W	K	U	R	Z	F	R	I	S	T	I	G	E	V	E	R	B	I	N	D	L	I	C	H	K	E	I	T	E	N
Q	B	H	V	S	O	G	E	S	A	M	T	V	E	R	B	I	N	D	L	I	C	H	K	E	I	T	E	N	C
L	U	I	Ä	V	M	I	O	E	R	W	H	Ü	L	U	H	Ü	L	U	N	O	N	T	U	Q	F	S	S	L	I

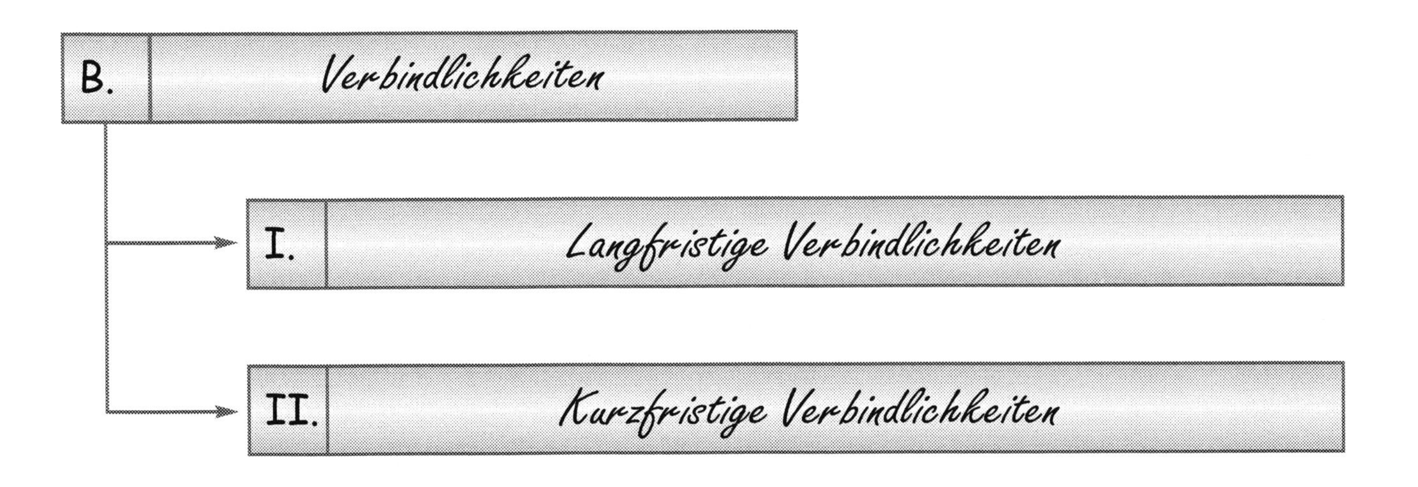

Übungsblock 3:
Ermitteln des Reinvermögens!

In welchem Verhältnis stehen nun eigentlich die Werte des Vermögens und die Werte der Verbindlichkeiten?

Mmh, interessante Frage!

6. Arbeitsauftrag:

In den nachfolgenden „Ideen" Birgits ist so manche brauchbare Formulierung enthalten!

- Markieren Sie geeignete Begriffe mit einem **blauen** Textmarker!
- Übernehmen Sie die gefundenen **Fachbegriffe** in die nachfolgende **Übersicht**!

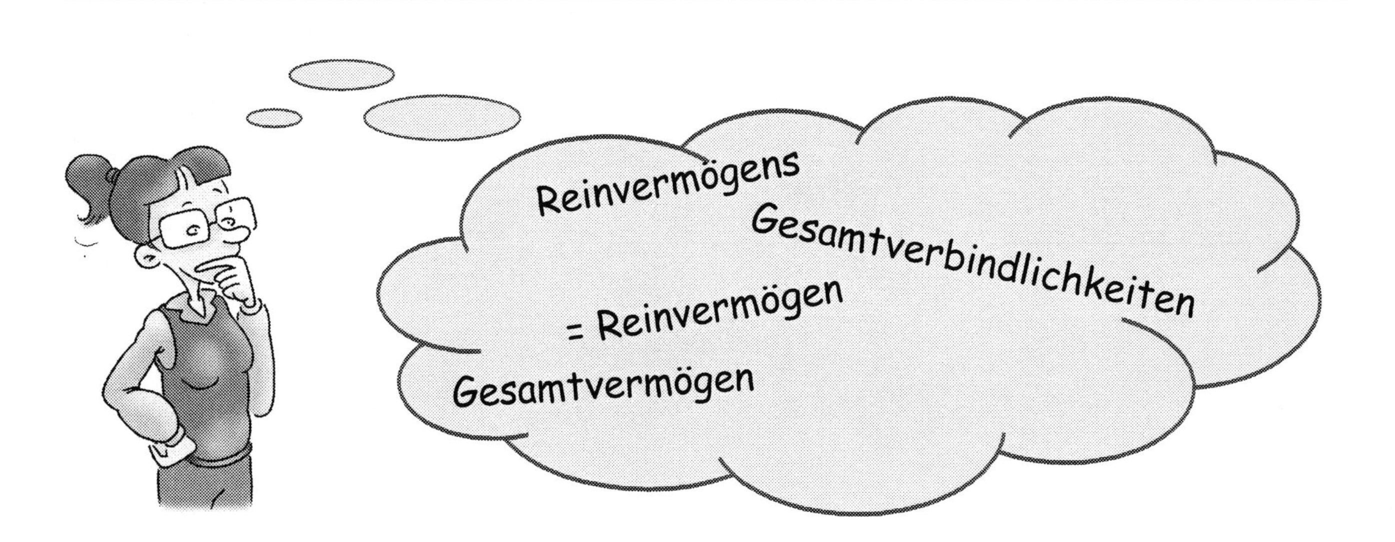

C.	Ermittlung des *Reinvermögens*
I.	*Gesamtvermögen*
II.	*Gesamtverbindlichkeiten*
	= *Reinvermögen*

Übungsblock 4:
Vom Grundaufbau zum fertigen Inventar!

Ahaaa, der Grundaufbau des Inventars besteht also immer aus **drei Abschnitten**! Ich halte also fest:
A. Gesamtvermögen
– B. Gesamtverbindlichkeiten
= C. Reinvermögen
Bedenke, das Vermögen wird nach zunehmender Geldnähe oder zunehmender Liquidität geordnet!
Ob er auch weiß, dass Verbindlichkeiten nach abnehmender Restlaufzeit oder zunehmender Fälligkeit geordnet werden?

7. Arbeitsauftrag:

- Übernehmen Sie nun **alle Bestände** und **Beträge** mit den angegebenen Werten des Schülerkiosks „Café Krümel" in das nachfolgende **Inventar**!
- Sortieren Sie dabei alle Vermögensteile und Verbindlichkeiten nach den **Ordnungskriterien** des obigen Gedankenaustauschs!

Inventar des Sch?lerkiosks

zunehmende Geldnähe oder Liquidität

zunehmende Fälligkeit

Art, Menge, Einzelwert	€€	
A. Vermögen		
I. Anlagevermögen		
1. Gebäude		2.800,00
2. Geschäftsausstattung lt. Verzeichnis		367,00
II. Umlaufvermögen		
1. Waren lt. Verzeichnis		151,00
2. Forderungen a. LL		
Kunde: SV	125,00	
Kunde: Lehrer Klamm	3,60	128,60
3. Kasse		95,00
4. Bank		480,00
Gesamtvermögen		**4.021,60**
B. Verbindlichkeiten		
I. Langfristige Verbindlichkeiten		
1. Darlehensschulden		1.000,00
II. Kurzfristige Verbindlichkeiten		
1. Verbindlichkeiten a. LL		
Lieferer: Getränkehändler Schluck	120,00	
Lieferer: Bäcker Jean Croissant	65,00	185,00
Gesamtverbindlichkeiten		**1.185,00**
C. Ermittlung des Reinvermögens		
Gesamtvermögen		4.021,60
– Gesamtverbindlichkeiten		1.185,00
= Reinvermögen		**2.836,60**

Das haben Sie bestimmt wieder aus der **Lernkartei**!

8. Arbeitsauftrag:

- Nutzen Sie zur Beantwortung der unten stehenden Fragen die **Lernkartei** am Ende des 1. Kapitels!

Frage 1:	Was gehört zum **Anlagevermögen**?
Antwort:	*Hierzu gehören alle Vermögensteile, die der Betrieb dauernd, längere Zeit oder mehrmals nutzt (z. B. Gebäude, Geschäftsausstattung).*

Frage 2:	Was gehört zum **Umlaufvermögen**?
Antwort:	*Hierzu gehören alle Vermögensteile, die verkauft werden (z. B. Waren) oder nur einmalig genutzt werden (z. B. Forderungen a. LL, Bargeld).*

Frage 3:	Was sind **Verbindlichkeiten**?
Antwort:	*Verbindlichkeiten sind Schulden, die nach Fristigkeit unterschieden werden: langfristig (Darlehensschulden), kurzfristig (Verbindlichkeiten a. LL).*

Frage 4:	Nach welchen Gesichtspunkten wird das **Vermögen geordnet**?
Antwort:	*Das Vermögen wird geordnet nach zunehmender Geldnähe oder zunehmender Liquidität.*

Frage 5:	Wonach richtet sich die **Anordnung** der **Verbindlichkeiten**?
Antwort:	*Verbindlichkeiten werden geordnet nach abnehmender Restlaufzeit oder zunehmender Fälligkeit.*

Frage 6:	Wie ermittelt man das **Reinvermögen**?
Antwort:	*Das Reinvermögen wird ermittelt durch Gegenüberstellung von Vermögen und Verbindlichkeiten. Die Differenz ist das Reinvermögen.*

Frage 7:	Was ist die Grundlage der **Betriebstätigkeit**?
Antwort:	*Das Anlagevermögen ist die Grundlage der Betriebstätigkeit.*

Frage 8:	Wer ist der **Gewinnträger** des Betriebes?
Antwort:	*Das Umlaufvermögen ist der Gewinnträger des Betriebes.*

Übungsblock 5:
Inventare gegenüberstellen und vergleichen!

9. Arbeitsauftrag:

Im nachfolgenden **Mind-Map** finden Sie die entscheidenden Informationen über Vermögen und Verbindlichkeiten des Schülerkiosks „Café Krümel" aus dem **Vorjahr**.

- Entwerfen Sie aus den noch unsortierten Vorgaben ein **formgerechtes Inventar**!

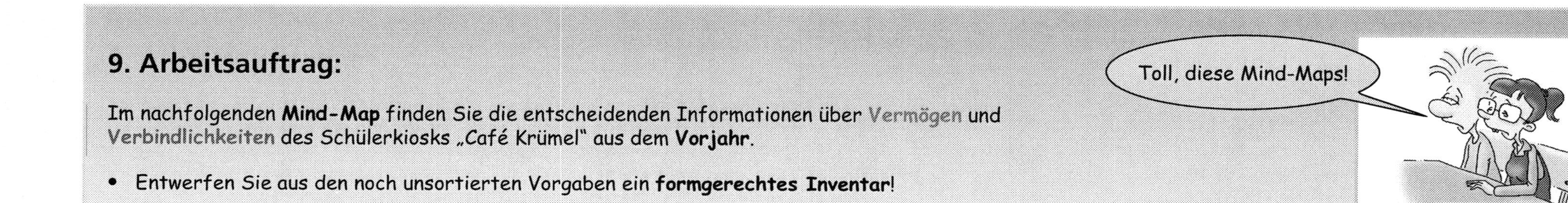

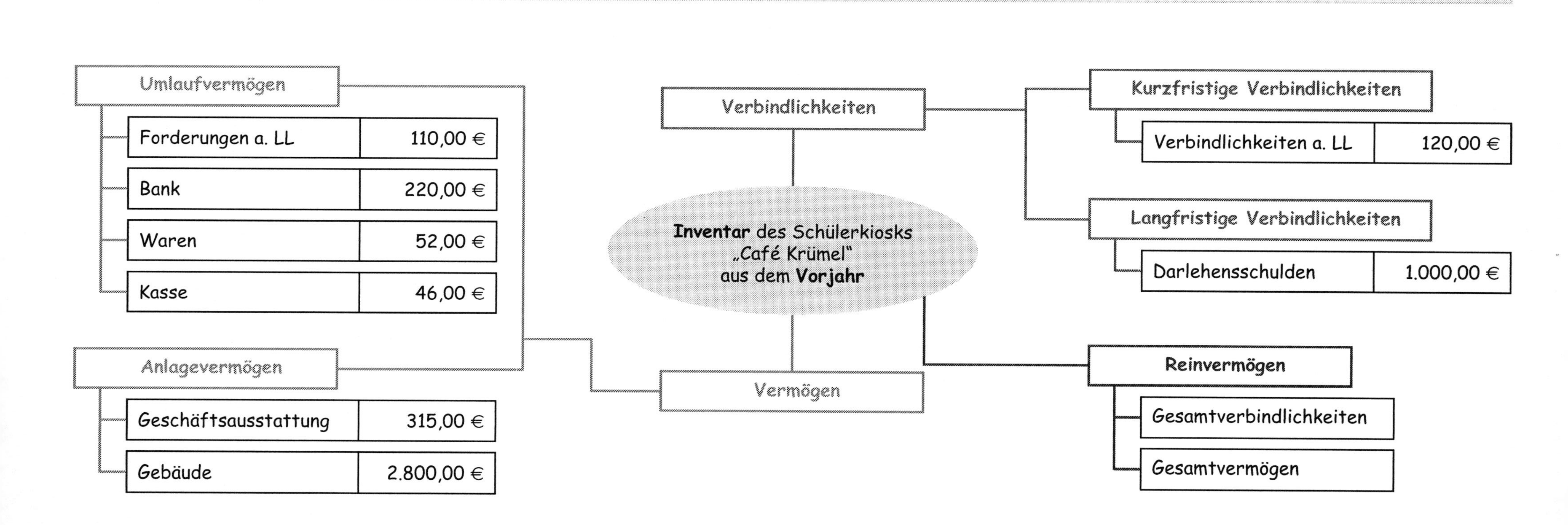

Inventar des Schülerkiosks „Café Krümel" am Städt. Berufskolleg, Bad Honnef, **vom Vorjahr**

zunehmende Geldnähe oder Liquidität ↓

zunehmende Fälligkeit ↓

Art, Menge, Einzelwert	€	€
A. Vermögen		
I. Anlagevermögen		
1. Gebäude		2.800,00
2. Geschäftsausstattung		315,00
II. Umlaufvermögen		
1. Waren		52,00
2. Forderungen a. LL		110,00
3. Kasse		46,00
4. Bank		220,00
Gesamtvermögen		**3.543,00**
B. Verbindlichkeiten		
I. Langfristige Verbindlichkeiten		
1. Darlehensschulden		1.000,00
II. Kurzfristige Verbindlichkeiten		
1. Verbindlichkeiten a. LL		120,00
Gesamtverbindlichkeiten		**1.120,00**
C. Ermittlung des Reinvermögens		
Gesamtvermögen		3.543,00
– Gesamtverbindlichkeiten		1.120,00
= Reinvermögen		**2.423,00**

10. Arbeitsauftrag:

Wenn Sie die Ergebnisse des Inventars aus diesem Jahr mit denen des Vorjahres vergleichen, gibt es **Abweichungen**.

- Tragen Sie alle Ergebnisse in die vorliegende Tabelle ein und ermitteln Sie die **Abweichungen**.
- Benennen Sie mögliche **Gründe** für diese Abweichungen!

Da sind ja Abweichungen!

Bestände	Vorjahr/€	aktuelles Jahr/€	Abweichungen/€	Gründe (Beispiele)
A. Vermögen				
I. Anlagevermögen				
1. Gebäude	2.800,00	2.800,00		
2. Geschäftsausstattung	315,00	367,00	+ 52,00	Die Geschäftsausstattung wurde erweitert!
II. Umlaufvermögen				
1. Waren	52,00	151,00	+ 99,00	Das Warensortiment wurde erweitert!
2. Forderungen a. LL	110,00	128,60	+ 18,60	Den Kunden wurden höhere Kredite gewährt!
3. Kasse	46,00	95,00	+ 49,00	Es wurden Zahlungsverpflichtungen erwartet
4. Bank	220,00	480,00	+ 260,00	Es wurden Zahlungsverpflichtungen erwartet.
Gesamtvermögen	**3.543,00**	**4.027,60**	**+ 478,60**	
B. Verbindlichkeiten				
I. Langfristige Verbindlichkeiten				
1. Darlehensschulden	1.000,00	1.000,00		
II. Kurzfristige Verbindlichkeiten				
1. Verbindlichkeiten a. LL	120,00	185,00	+ 65,00	Lieferer gewähren mehr Kredite für Warenkäufe.
Gesamtverbindlichkeiten	**1.120,00**	**1.185,00**	**+ 65,00**	
C. Reinvermögen				
Gesamtvermögen	3.543,00	4.021,60	+ 478,60	
– Gesamtverbindlichkeiten	1.120,00	1.185,00	– 65,00	
= Reinvermögen	**2.423,00**	**2.836,60**	**+ 413,60**	Es liegt eine Mehrung des Reinvermögens vor!

Übungsblock 6:
Zwischenprüfung bei Lehrer Klamm!

Mal sehen, ob sie mit ihrer Lernkartei gearbeitet haben!

11. Arbeitsauftrag:

- Markieren Sie in der nachfolgenden Tabelle, ob die Aussage **richtig** oder **falsch** ist!

Aussagen	richtig	falsch
1. Die Inventur ist eine genaue Erfassung aller Vermögensteile und Verbindlichkeiten nach Art, Menge, Einzel- und Gesamtwert.	👍	
2. Die Inventur wird nur bei Beginn bzw. Übernahme oder bei Auflösung bzw. Veräußerung eines Betriebes durchgeführt.		👎
3. Nach der Art der Bestandsaufnahme unterscheidet man die körperliche und die Buchinventur.	👍	
4. Bei der körperlichen Inventur werden Vermögensteile gezählt, gemessen, gewogen, geschätzt und bewertet.	👍	
5. Bei der Buchinventur werden Menge und Wert nur anhand von schriftlichen Unterlagen ermittelt.	👍	
6. Die Inventur muss immer am 31.12. .... durchgeführt werden.		👎
7. Bei der permanenten Inventur werden Buchinventur und körperliche Inventur kombiniert.	👍	
8. Das Inventar ist ein genaues Bestandsverzeichnis aller Vermögensteile und Verbindlichkeiten.	👍	
9. Das Inventar muss vom Kaufmann unterschrieben und 5 Jahre aufbewahrt werden.		👎
10. Im Inventar werden Vermögen und Verbindlichkeiten sorgfältig nebeneinander aufgelistet.		👎
11. Das Reinvermögen wird ermittelt, indem man die Verbindlichkeiten vom Vermögen abzieht.	👍	
12. Die gesetzlichen Gliederungsvorschriften zur Aufstellung des Inventars sind im HGB geregelt.		👎

Dies ist so ganz nach meinem Geschmack!

12. Arbeitsauftrag:

- Nachfolgend finden Sie Fragen und lückenhafte Sätze.
  Lösen Sie hierzu das nachfolgende **Rätsel**!

Hinweis: Setzen Sie: ä = ae / ö = oe / ü = ue

Waage-recht	**Ergänzen Sie!**
1	Hierzu gehören alle Vermögensteile, die dauernd, längere Zeit oder mehrmals genutzt werden: Anlagevermögen.
3	Zieht man vom Gesamtvermögen die Gesamtverbindlichkeiten ab, so erhält man das Reinvermögen.
5	Das Vermögen wird nach zunehmender Geldnähe, also nach Liquidität geordnet.
6	Verbindlichkeiten werden nach Fälligkeit geordnet.
7	Am Schluss des Geschäftsjahres macht der Kaufmann Inventur.
8	Teil des Anlagevermögens: Gebäude.
9	Das Ergebnis der Inventur ist das Inventar.
Senk-recht	
2	Schulden werden im Inventar Verbindlichkeiten genannt.
4	Das Umlaufvermögen ist der Gewinnträger des Unternehmens.
10	Teil des Umlaufvermögens: Bank.

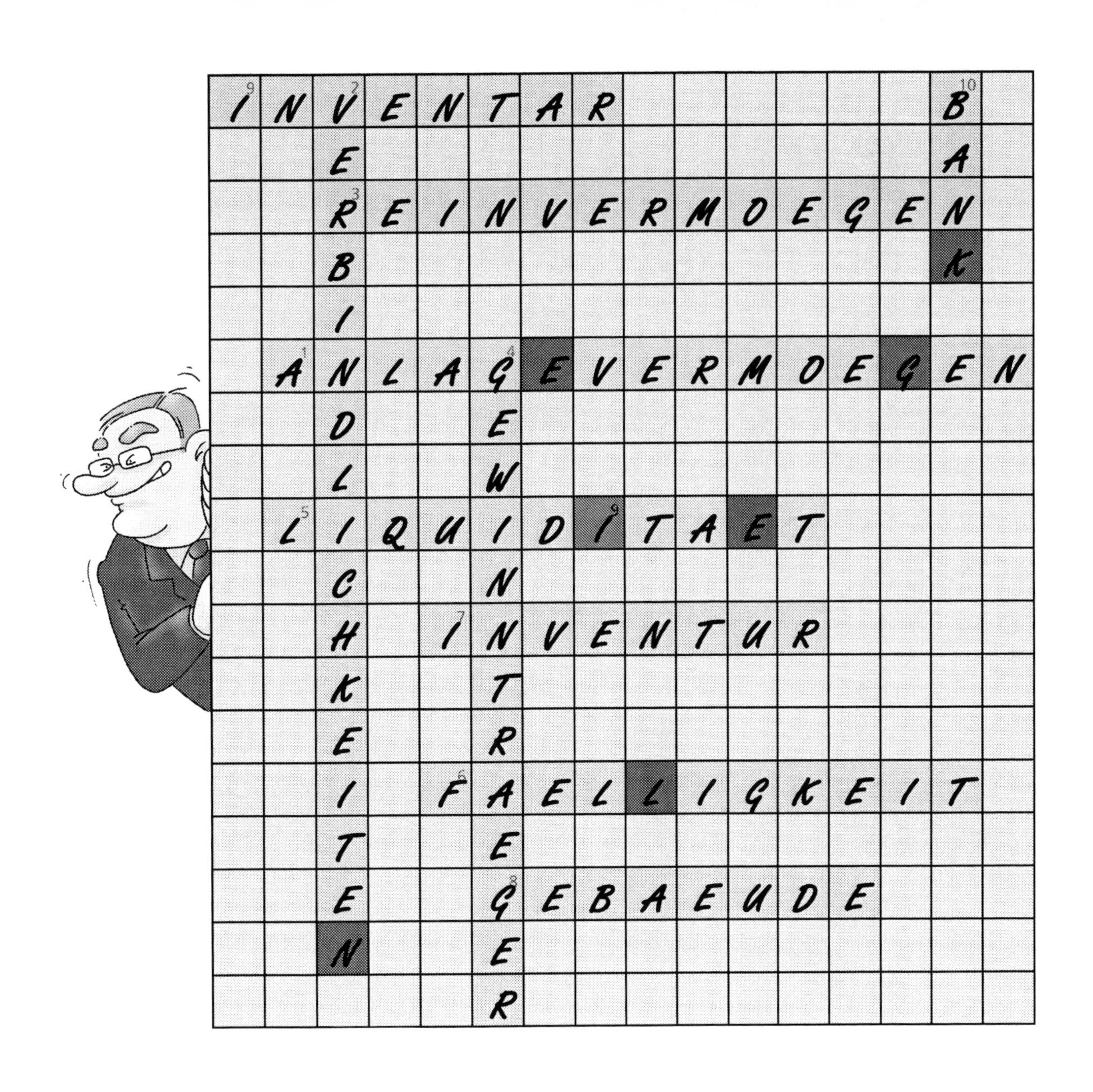

Lesen Sie die roten Kästchen von oben nach unten und von links nach rechts: nun kennen Sie Hausmeister Kruses **Lieblingssport**!

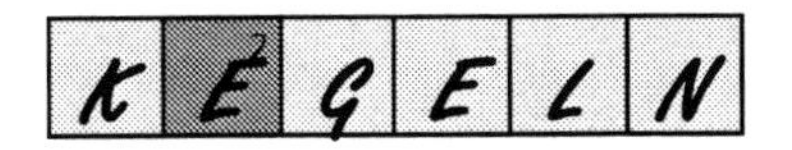

Anleitung für das Kreuzworträtsel:

Jeder der Suchbegriffe trägt eine rote Nummer und die Angabe **„waagerecht"** oder **„senkrecht"**. Die Nummer verweist auf das Rätselkästchen, in dem der **erste** Buchstabe des Suchbegriffes einzutragen ist.
Die Angabe „waagerecht" oder „senkrecht" sagt Ihnen, in welcher Richtung Sie die Buchstaben des Begriffs eintragen müssen.

Hinweis: Für jeden Buchstaben **ein** Kästchen! Setzen Sie für ä = **ae**, ö = **oe** und ü = **ue**!

senkrecht:
von oben nach unten
Beispiel: „Ralf"

B[1]	I	R[2]	G	I	T
		A			
		L			
		F			

waagerecht:
von links nach rechts
Beispiel: „Birgit"

Übungsblock 7:
Die Lernkartei!

13. Arbeitsauftrag:

Auf den nachfolgenden fünf Seiten finden Sie eine umfangreiche **Lernkartei** zu **Kapitel 1 „Inventur und Inventar"**.

- Schneiden Sie alle Karten der Lernkartei aus.
- Kleben Sie die **zueinander passenden Vorder-** und **Rückseiten** zusammen.
- Verwalten Sie Ihre Karten in einer **5-gliedrigen Lernkartei-Box**.

Die Lernkartei

für das Rechnungswesen

1

Alle Vermögensteile und **Verbindlichkeiten** (= Schulden) werden nach

- ➜ ***Art***
- ➜ ***Menge*** und
- ➜ ***Einzelwert***

zu einem bestimmten Zeitpunkt **genau** erfasst.

(§ 240 HGB)

2

Eine **Inventur** wird **durchgeführt**:

1. bei **Beginn** oder **Übernahme** eines Betriebes,
2. zum **Schluss** eines jeden **Geschäftsjahres**,
3. bei **Auflösung** oder **Veräußerung** eines Betriebes.

3

Nach der **Art** der **Bestandsaufnahme** unterscheidet man:

- ➜ die **körperliche Inventur**,
- ➜ die **Buchinventur**.

4

Die Vermögensteile werden

➜	**gezählt**	z. B. CDs	oder
➜	**gemessen**	z. B. Stoffe	oder
➜	**gewogen**	z. B. Mehl	oder
➜	**geschätzt**	z. B. Sand	

und ➜ **bewertet**.

5

Was ist eine **Buch**inventur?
???

Die **Menge** und der **Wert** der Vermögensteile und Verbindlichkeiten (= Schulden) werden nur ermittelt anhand von

→ schriftlichen Unterlagen.

z.B. bei Grundstücken und Gebäuden
→ **Grundbuchauszüge**
bei Bankguthaben
→ **Tageskontoauszüge** der Banken

6

Inventurarbeiten können

→ **am Stichtag**
(genau am **31.12.** eines Jahres)
→ **zeitnah**
(10 Tage **vor** oder **nach** dem Stichtag)
→ **permanent**
(während des gesamten Geschäftsjahres)

durchgeführt werden.

7

Was ist eine **Stichtag**inventur?
Kruses Hase spricht???

Die **Menge** und der **Wert** aller Vermögensteile und Verbindlichkeiten (= Schulden) werden

→ genau am **Schluss** des **Geschäftsjahres**

erfasst.

z. B. Inventur-Stichtag: **genau** am **31.12.** ...

8

Was ist **zeitnahe** Inventur?

Die **Menge** und der **Wert** aller Vermögensteile und Verbindlichkeiten (= Schulden) werden innerhalb einer

→ Frist von **10 Tagen** vor bis **10 Tage** nach dem **Stichtag**

erfasst.

9

Die **Menge** und der **Wert** aller Vermögensteile und Verbindlichkeiten (= Schulden) werden ermittelt durch eine **Kombination** aus

- → **Buch**inventur und
- → **körperlicher** Inventur.

Der am Stichtag vorliegende **buchmäßige Bestand** (Sollbestand) darf dann als **tatsächlicher Bestand** (Istbestand) angesetzt werden.

10

Die <u>**Voraussetzungen**</u> dieser Inventurart sind:

- → Alle Zu- und Abgänge werden mittels **Lagerdatei** erfasst.
- → Die **Sollbestände** werden mittels Lagerdatei **ermittelt**.
- → Die **körperliche Inventur** erfolgt mindestens **einmal im Jahr** zur Aufnahme der Istbestände.
- → Zum Stichtag werden die Sollbestände **als Ist-** oder **Inventurbestände** übernommen.

11

Die <u>**Vorteile**</u> dieser Inventurart sind:

- → Die Inventur kann für einzelne Warengruppen zu **unterschiedlichen Terminen während des Geschäftsjahres** erfolgen.
- → Die Inventur kann erfolgen, wenn das Personal **Zeit** hat und die **Bestände niedrig** sind.
- → Mittels Lagerdatei ist es **zu jedem Termin** möglich, den Buchbestand (Sollbestand) als Inventurbestand (Istbestand) auszudrucken.

12

1. Es ist ein <u>**genaues**</u> **Bestandsverzeichnis** aller Vermögensteile und Verbindlichkeiten (= Schulden) zum Inventurstichtag nach **Art**, **Menge** und **Einzelwert**.
2. Es muss **nicht** vom Kaufmann **unterschrieben** werden.
3. Es muss **10 Jahre aufbewahrt** werden.

13

Das Vermögen wird unterteilt in:

→ Anlage**vermögen** und

→ Umlauf**vermögen**.

14

Hierzu gehören alle Vermögensteile,

→ die der Betrieb **dauernd**, **längere Zeit** oder **mehrmals** nutzt:

z.B. Grundstücke und Gebäude,
Fuhrpark,
Geschäftsausstattung

Es ist die Grundlage der **Betriebstätigkeit**.

15

Hierzu gehören alle Vermögensteile,

→ die **verkauft** werden
z.B. Waren

oder

→ nur **einmalig genutzt** werden
z.B. Forderungen a. LL,
Bankguthaben,
Bargeld.

Es ist der **Gewinnträger** des Betriebes.

16

Es wird geordnet nach
→ zunehmender Geldnähe oder
zunehmender Liquidität.

I. Anlagevermögen
1. Grundstücke und Gebäude
2. Fuhrpark
3. Geschäftsausstattung

II. Umlaufvermögen
1. Waren
2. Forderungen a. LL
3. Liquide Mittel

17

Was sind Verbindlichkeiten?
Das ist doch wohl klar, oder?

Hierzu gehören:

→ Darlehensschulden
mit einer Laufzeit von **mehr als 5** Jahren

→ Darlehensschulden
mit einer Laufzeit **von 1 bis 5** Jahren

→ Verbindlichkeiten a. LL
mit einer Laufzeit **bis zu 1** Jahr

18

Na, wie werden die Verbindlichkeiten **angeordnet**?
Der Hase nervt!

Sie werden geordnet nach

→ abnehmender Restlaufzeit oder
zunehmender Fälligkeit.

Man **beginnt** immer mit der **längsten** Laufzeit.

I. Lang- und **mittelfristige** Verbindlichkeiten
II. Kurzfristige Verbindlichkeiten

19

Das **Reinvermögen** (= Eigenkapital) wird ermittelt durch
→ **Gegenüberstellung** von
Vermögen und **Verbindlichkeiten**

→ Die **Differenz** von beiden ist das
Reinvermögen (= Eigenkapital).

Vermögen
\- **Verbindlichkeiten**
= **Reinvermögen** (Eigenkapital)

20

Mein Sohn – und plötzlich fragst du dich, **wie** ein **Inventar** aussieht!
Äh, eigentlich nicht?!

A. Vermögen
I. Anlagevermögen
II. Umlaufvermögen
Gesamtvermögen

B. Verbindlichkeiten
I. Lang- und mittelfristige Verbindlichkeiten
II. Kurzfristige Verbindlichkeiten
Gesamtverbindlichkeiten

C. Ermittlung des Reinvermögens
Gesamtvermögen
\- Gesamtverbindlichkeiten
= Reinvermögen (Eigenkapital)

2. Kapitel: Die Bilanz

Übungsblock 1:
Erstellen einer Bilanz!

Also Birrrgit, das Inventar führt zwar jede Einzelheit, aber ...!

Ich glaube, er will es **übersichtlicher**!!!

BUCH-HALTUNG

14. Arbeitsauftrag:

Auch eine **Bilanz** hat in ihrem Aufbau eine **Grundstruktur**. Diese nimmt die wesentlichen Strukturelemente des Inventars auf, gibt aber nur deren Gesamtwerte an.

- Greifen Sie die Gedanken der Schüler auf und schreiben Sie in die vorgegebenen farbigen Felder die passenden **Fachbegriffe**!

Anlagevermögen

Eigenkapital

Fremdkapital

Umlaufvermögen

Mmh, ist dazu bestimmt, dem Geschäftsbetrieb **dauernd, längere Zeit** oder **mehrmals** zu dienen: ...

Aufgenommene Darlehen und Verbindlichkeiten a. LL sind – ähh ...

Ziehe ich vom Vermögen die Verbindlichkeiten ab, dann erhalte ich ...

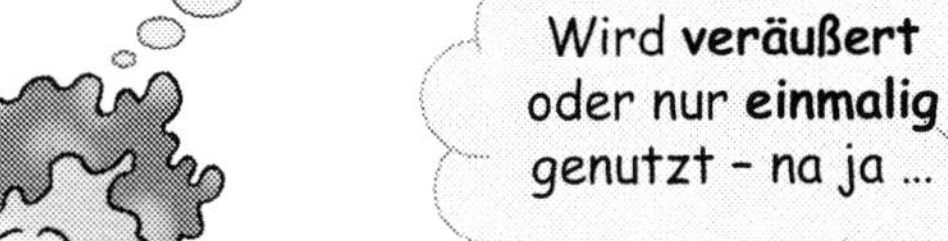

Wird **veräußert**
oder nur **einmalig**
genutzt – na ja ...

15. Arbeitsauftrag!

Die Bilanz baut auf den Werten auf, die durch die Inventur ermittelt und im Inventar zusammengestellt worden sind.

- Übernehmen Sie aus dem Inventar des Schülerkiosks „Café Krümel" die Werte für das **aktuelle Jahr** (7. Arbeitsauftrag) und ordnen Sie diese den nachfolgenden Posten zu!

Forderungen a. LL = 128,60 €

Gebäude = 2.800,00 €

Eigenkapital = 2.836,60 €

Kurzfristige Verbindlichkeiten = 185,00 €

Geschäftsausstattung = 367,00 €

Bank = 480,00 €

Langfristige Verbindlichkeiten = 1.000,00 €

Kasse = 95,00 €

Waren = 151,00 €

16. Arbeitsauftrag:

- Erstellen Sie durch Übertragen der Fachbegriffe (siehe 14. Arbeitsauftrag) in die nachfolgende Vorlage die **Grundstruktur** der **Bilanz** für den Schülerkiosk „Café Krümel"!
- Ordnen Sie danach der Grundstruktur die **Werte** aus Arbeitsauftrag 15 zu!

Aktiva — **Bilanz** für den Schülerkiosk „Café Krümel", Bad Honnef, zum 31.12. .... — **Passiva**

Aktiva		Passiva	
I. Anlagevermögen		**I. Eigenkapital**	
Gebäude	2.800,00	Eigenkapital	2.836,60
Geschäftsausstattung	367,00	**II. Fremdkapital**	
II. Umlaufvermögen		Langfr. Verbindlichkeiten	1.000,00
Waren	151,00	Kurzfr. Verbindlichkeiten	185,00
Forderungen a. LL	128,60		
Kasse	95,00		
Bank	480,00		
	4.021,60 €		**4.021,60 €**

Bad Honnef, 31. 12. ....

Werner Kruse

Wofür haben wir die finanziellen Mittel in unserem Kiosk verwendet?

Woher stammen die finanziellen Mittel für unseren Kiosk?

Ahaa, die Aktivseite zeigt uns also, wie in unserem Kiosk in das Anlage- und Umlaufvermögen **investiert** wurde!

Über die Herkunft der Mittel informiert uns die Passivseite. Wir **finanzieren** unseren Kiosk aus Eigenkapital und Fremdkapital!

Übungsblock 2:
Bilanzwerte ändern sich – Grundstruktur bleibt gleich!

17. Arbeitsauftrag:

Richtig – und nun wieder Siiie!

Im nachfolgenden Mind-Map finden Sie entscheidende, aber zum Teil unsortierte und unstrukturierte Informationen über die Mittelbeschaffung und Mittelverwendung des Schülerkiosks „Café Krümel" **aus dem Vorjahr** (9. Arbeitsauftrag)!

- Ergänzen Sie die fehlenden **Begriffe** und **Werte** und entwerfen Sie eine **formgerechte Bilanz**!

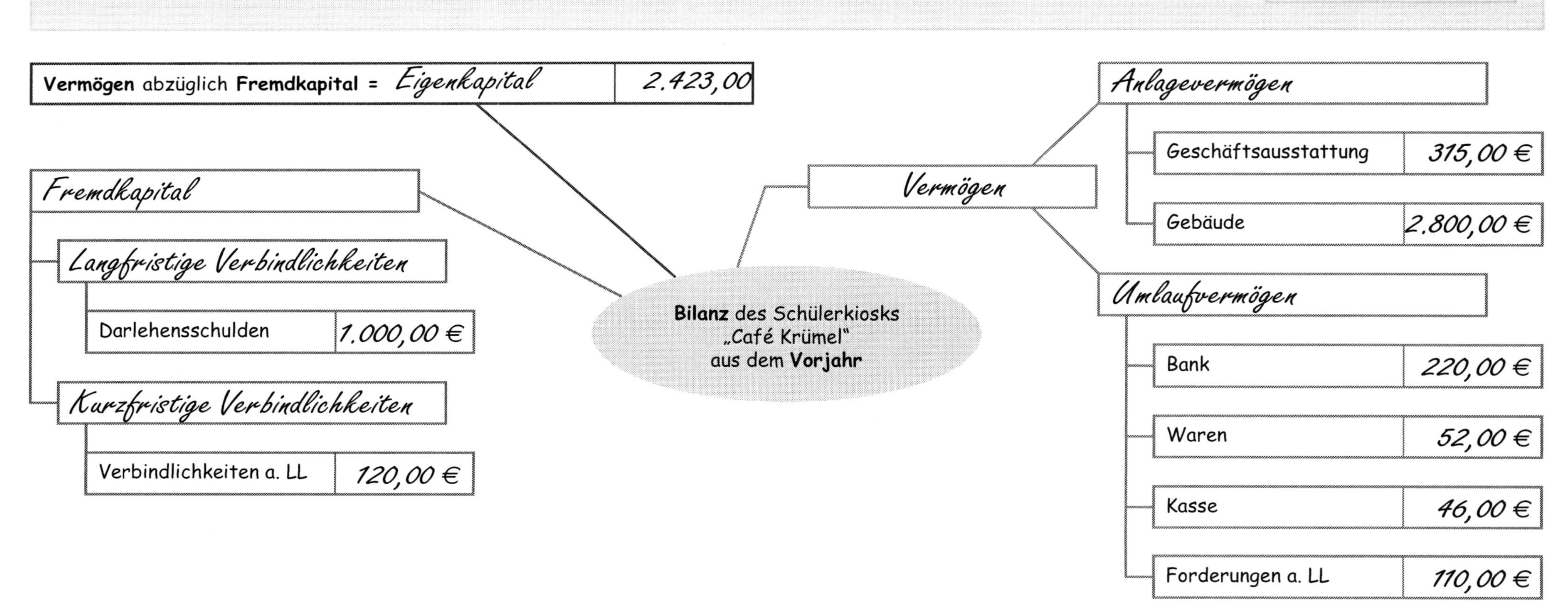

Aktiva	Bilanz für den Schülerkiosk „Café Krümel“, Bad Honnef zum 31.12.		Passiva
I. Anlagevermögen		**I. Eigenkapital**	
1. Gebäude	2.800,00	1. Eigenkapital	2.423,00
2. Geschäftsausstattung	315,00	**II. Fremdkapital**	
II. Umlaufvermögen		1. Langfr. Verbindlichkeiten	1.000,00
1. Waren	52,00	2. Kurzfr. Verbindlichkeiten	120,00
2. Forderungen a. LL	110,00		
3. Kasse	46,00		
4. Bank	220,00		
	3.543,00 €		**3.543,00 €**

Bad Honnef, 31. 12. ....

Werner Kruse

Die Aktiva erfassen die Formen des Vermögens, also die Verwendung der Mittel!	Die Passiva erfassen die Quellen des Kapitals, also die Herkunft der Mittel!
= Investierung	= Finanzierung

Ahaa – schon wieder **Lücken**!

18. Arbeitsauftrag!

Übungsblock 3:
Zwischenprüfung bei Lehrer Klamm!

19. Arbeitsauftrag:

In den nachfolgenden Aussagen zum Thema „Bilanz" fehlen offensichtlich entscheidende **Schlüsselwörter**.

- Suchen Sie sich die passenden Silben im „Silbenkasten" zusammen, um daraus die fehlenden **Fachbegriffe** zu bilden.

  Tipp: Um den nötigen Überblick zu behalten, sollten Sie die ausgewählten Silben nach Gebrauch durchstreichen!

Hier steckt ein grüner Rätselbuchstabe!

Ver	Pas	nung	öff	pi	si	Ge	tal	Kon	nan
Fi	In	va	rung	tie	Ak	zie	form	HGB	Pos
Er	ten	gen	ten	de	mö	wer	tiv	Ak	En
va	Ka	ti	tal	ves	samt	Ka	te	pi	rung

	Für die Bilanz gilt ...
1.	Laut § 242 des ....HGB.... muss der Kaufmann die Bilanz bei der ....Eröffnung.... seines Handelsgewerbes und am ....Ende.... eines jeden Geschäftsjahres aufstellen.
2.	In der Bilanz werden ....Vermögen.... (Aktiva) und ....Kapital.... (Passiva) zusammengefasst und gegenübergestellt.
3.	Die Bilanzgleichung lautet: ....Aktiva.... = ...Passiva.... .
4.	Die Bilanz enthält die ....Gesamtwerte.... gleichartiger P6 o s t e n .
5.	Vermögen und Kapital werden in ....Kontenform.... gegenübergestellt.
6.	Die Passivseite gibt an, woher das ....Kapital.... kommt.
7.	Die ....Aktiv...-seite zeigt auf, wie das Kapital verwendet wurde.
8.	Die Passivseite gibt somit Auskunft über die ....Finanzierung.... des Unternehmens, die Aktivseite hingegen über die ....Investierung....

20. Arbeitsauftrag:
– etwas ganz Besonderes!

Nachfolgend finden Sie vollkommen unsortiert die Bestandteile einer Bilanz.

1. Markieren Sie die einzelnen Teile farbig:
   - mit grün für alle Aktiva,
   - mit rot für alle Verbindlichkeiten und
   - mit **blau** für das **Eigenkapital**!
2. Schneiden Sie alle Einzelteile der Bilanz mit einer **Schere** aus!
3. Kleben Sie die Einzelteile zu einer **ordnungsgemäßen Bilanz** in das nachfolgende T-Konto!
4. Ermitteln Sie die **Bilanzsumme** und schließen Sie die Bilanz **formgerecht** ab!

I. Eigenkapital

Werner Kruse

Forderungen a. LL 490,00 €

Langfristige Verbindlichkeiten 800,00 €

Aktiva

I. Anlagevermögen

Bank 890,00 €

II. Umlaufvermögen

Kasse 165,00 €

Geschäftsausstattung 590,00 €

Bad Honnef, 31. Dezember ...

II. Fremdkapital

Passiva

Eigenkapital €

Bilanz des Schülerkiosks zum ...

Waren 150,00 €

Kurzfristige Verbindlichkeiten 460,00 €

Gebäude 3.600,00 €

Bilanz des Schülerkiosks zum ...

Aktiva		Passiva	
I. Anlagevermögen		**I. Eigenkapital**	
Gebäude	3.600,00	Eigenkapital	4.625,00
Geschäftsausstattung	590,00	**II. Fremdkapital**	
II. Umlaufvermögen		Langfr. Verbindlichkeiten	800,00
Waren	150,00	Kurzfr. Verbindlichkeiten	460,00
Forderungen a. LL	490,00		
Kasse	165,00		
Bank	890,00		
	5.885,00 €		**5.885,00 €**

Bad Honnef, 31. Dezember ...

Werner Kruse

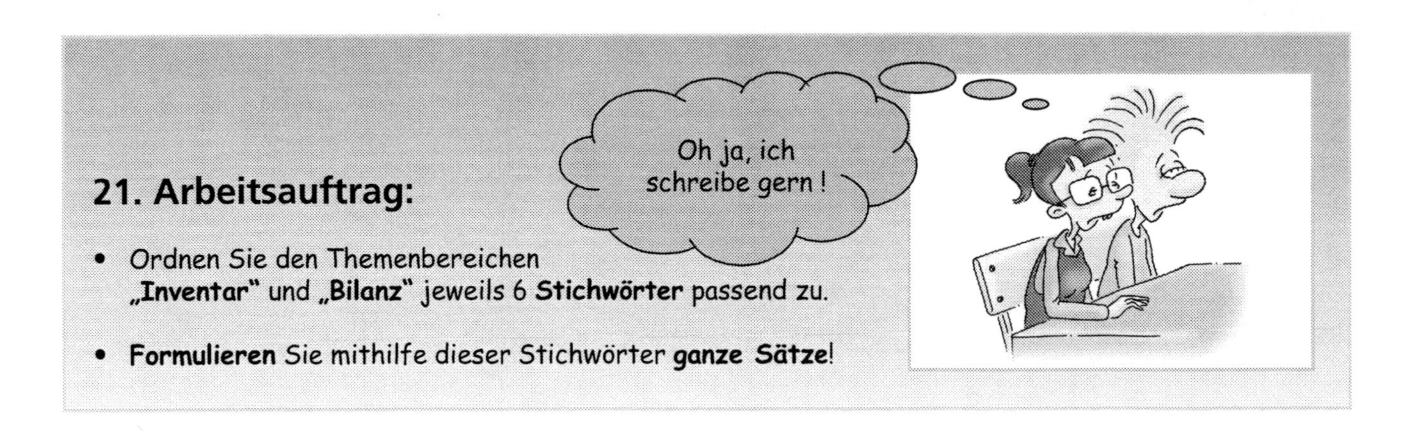

21. Arbeitsauftrag:

- Ordnen Sie den Themenbereichen **„Inventar"** und **„Bilanz"** jeweils 6 **Stichwörter** passend zu.
- **Formulieren** Sie mithilfe dieser Stichwörter **ganze Sätze**!

1	sehr **ausführlich**, dadurch **unübersichtlich**
6	**keine** gesetzlichen **Gliederungsvorschriften**
2	Angabe der **Art, Menge, Einzel-** und **Gesamtwerte**
5	dient der **innerbetrieblichen Kontrolle**
3	Vermögen und Kapital **nebeneinander = Kontenform**
4	**Differenz** zwischen Vermögen und Verbindlichkeiten = **Reinvermögen**
2	**nur** Angabe von **Gesamtwerten** gleichartiger Posten
1	**kurz**, dadurch **übersichtlich**
3	Vermögen, Verbindlichkeiten, Reinvermögen **untereinander = Staffelform**
4	**Differenz** v. Vermögen und Verbindlichkeiten = **Eigenkapital**
5	informiert **Unternehmungsleitung** und **Außenwelt**
6	gesetzliche **Gliederungsvorschriften**, HGB

Inventar:

1. Das Inventar ist sehr ausführlich und dadurch unübersichtlich.
2. Im Inventar werden Art, Menge, Einzel- und Gesamtwerte angegeben.
3. Vermögen, Verbindlichkeiten und Reinvermögen werden in Staffelform untereinander geschrieben.
4. Die Differenz von Vermögen und Verbindlichkeiten heißt Reinvermögen.
5. Das Inventar dient der innerbetrieblichen Kontrolle.
6. Für das Inventar gibt es keine gesetzlichen Gliederungsvorschriften.

Bilanz:

1. Die Bilanz ist kurz und dadurch übersichtlich.
2. In der Bilanz werden nur Gesamtwerte gleichartiger Posten angegeben.
3. Vermögen und Kapital werden in Kontenform nebeneinander dargestellt.
4. Die Differenz von Vermögen und Verbindlichkeiten heißt in der Bilanz Eigenkapital.
5. Die Bilanz informiert neben der Unternehmungsleitung auch die Außenwelt.
6. Die Bilanz unterliegt gesetzlichen Gliederungsvorschriften, die im HGB geregelt sind.

22. Arbeitsauftrag:

- Markieren Sie in der nachfolgenden Tabelle, ob die Aussage **richtig** oder **falsch** ist!

Aussagen	richtig	falsch
1. Das Inventar ist zwar sehr ausführlich, dafür aber unübersichtlich.	X	
2. Die Bilanz stellt Vermögen und Kapital sorgfältig untereinander dar.		X
3. Das Inventar gibt als genaues Bestandsverzeichnis Art, Menge, Einzel- und Gesamtwerte an.	X	
4. Die Bilanz ist die Grundlage zur Aufstellung des Inventars und Teil des Jahresabschlusses.		X
5. Die Bilanz ist kurz, aber dafür sehr übersichtlich.	X	
6. Das Inventar stellt Vermögen, Verbindlichkeiten und Reinvermögen in Kontenform dar.		X
7. Das Inventar ist vom Kaufmann unter Angabe des Datums zu unterschreiben.		X
8. Die Bilanz unterliegt gesetzlichen Gliederungsvorschriften und muss 10 Jahre aufbewahrt werden.	X	
9. Das Inventar dient durch den Vergleich von Soll und Ist der innerbetrieblichen Kontrolle.	X	
10. In der Bilanz werden nur Gesamtwerte gleichartiger Vermögensteile oder Verbindlichkeiten angegeben.	X	
11. Die Bilanz informiert neben der Unternehmungsleitung auch die Außenwelt.	X	
12. Für die Bilanz gibt es keine gesetzlichen Gliederungsvorschriften.		X

Diese Bilanz wurde ja wohl noch nicht geprüft, oder??

23. Arbeitsauftrag:

Prüfen Sie die Bilanz und markieren Sie alle etwaigen **Fehler**!

- Schreiben Sie die **korrigierte Bilanz** in das leere T-Konto!

Passiva — Bilanz des Schülerkiosks, Bad Honnef, zum ... — Aktiva

Passiva		Aktiva	
I. Anlagevermögen		I. Eigenkapital	
Waren	276,00 €	Eigenkapital	3.916,00 €
Geschäftsausstattung	650,00 €		
II. Fremdkapital		II. Umlaufvermögen	
Forderungen a. LL	395,00 €	Kurzfristige Verbindlichk.	380,00 €
Gebäude	3.000,00 €	Langfristige Verbindlichk.	700,00 €
Kasse	115,00 €		
Bank	560,00 €		Werner Kruse
	4.996,00 €		4.996,00 €

Bad Honnef, 31. Dezember ...

Aktiva — Bilanz des Schülerkiosks, Bad Honnef, zum ... — Passiva

Aktiva		Passiva	
I. Anlagevermögen		*I. Eigenkapital*	
Gebäude	*3.000,00 €*	*Eigenkapital*	*3.916,00 €*
Geschäftsausstattung	*650,00 €*		
		II. Fremdkapital	
II. Umlaufvermögen		*Langfristige Verbindlichkeiten*	*700,00 €*
Waren	*276,00 €*	*Kurzfristige Verbindlichkeiten*	*380,00 €*
Forderungen a. LL	*395,00 €*		
Kasse	*115,00 €*		
Bank	*560,00 €*		
	4.996,00 €		*4.996,00 €*

Bad Honnef, 31. Dezember ... — *Werner Kruse*

21

Was muss ich über die Bilanz wissen?

1. Sie wird **auf der Grundlage des Inventars** erstellt.
2. Die **Gesamtwerte gleichartiger Posten** von **Vermögen** und **Kapital** werden kurz und übersichtlich in **Kontenform** einander **gegenüber gestellt**.
3. Sie gehört neben der Gewinn- und Verlustrechnung zum **Jahresabschluss**.
4. Sie muss unter Angabe des **Datums** vom Kaufmann **unterzeichnet** werden.
5. Sie muss **10 Jahre aufbewahrt** werden.

22

Wann wird eine Bilanz aufgestellt?

Sie wird vom Kaufmann aufgestellt:

→ zu **Beginn** des **Handelsgewerbes (Eröffnungsbilanz)**,

→ am **Schluss** eines jeden **Geschäftsjahres (Bilanz)**,

→ bei **Auflösung** oder **Veräußerung** eines Betriebes.

§ 242 Abs.1 Satz 1 HGB

23

Wie sieht eine Bilanz aus?
Die Frage geht an Sie!

→ Sie stellt in **T-Kontenform** Vermögen und Kapital einander gegenüber.
→ Sie zeigt so in übersichtlicher Form, **woher** die finanziellen Mittel **beschafft** und **wie** sie **verwendet** wurden.

Aktiva	**Bilanz** zum 31.12... Passiva
I. Anlagevermögen II. Umlaufvermögen	I. **Eigenkapital** II. Fremdkapital
Mittelverwendung	**Mittelherkunft**

24

Na, was bedeutet „Bilanzgleichung"?
Weiß der Geier!

Der Begriff **„Bilanz"** kommt aus dem Italienischen und bedeutet so viel wie **Waage** bzw. **Gleichgewicht**.

→ **Beide Seiten** der Bilanz müssen also **wertmäßig gleich groß** sein, d. h. die Summe des **Vermögens** ist genauso groß wie die Summe des **Kapitals**.

Es gilt für jede Bilanz die **Grundgleichung**:

Aktiva = Passiva

Dabei stellt das **Eigenkapital** die Differenz dar.

25

Was sagt die Bilanz denn aus?

Sie sagt uns,

➜ ob der Betrieb eher mit eigenen oder fremden finanziellen Mitteln arbeitet:

Passiva = **Mittelherkunft**.

➜ ob das Kapital mehr im Anlage- oder im Umlaufvermögen angelegt wurde:

Aktiva = **Mittelverwendung**.

➜ ob das Unternehmen über genügend flüssige Mittel verfügt, um kurzfristige Verbindlichkeiten auszugleichen.

26

Worin unterscheiden sich Inventar und Bilanz?

Inventar	Bilanz
• sehr **ausführlich**	• **kurz**
• dadurch **unübersichtlich**	• dadurch **übersichtlich**
• Angabe der **Art**, **Menge**, **Einzel-** und **Gesamtwerte**	• **nur** Angabe von **Gesamtwerten** gleicher Posten
• Vermögen, Verbindl., Reinvermögen untereinander = **Staffelform**	• Vermögen, Kapital nebeneinander = **Kontenform**
• Differenz Vermögen/ Verbindl. = **Reinvermögen**	• Differenz Vermögen/ Fremdkapital = **Eigenkapital**
• dient der **innerbetriebl. Kontrolle**	• informiert Unternehmensleitung u. **Außenwelt**
• **keine** gesetzlichen **Gliederungsvorschriften**	• gesetzl. **Gliederungsvorschriften** (HGB)

27

Was weißt du denn über die Aktiv-Seite der Bilanz?
Na dann hör mal zu!

Sie weist das Vermögen aus:

I. Anlagevermögen
II. Umlaufvermögen

Es wird sortiert nach **zunehmender Geldnähe** oder **zunehmender Liquidität** (wie im Inventar!)

- Wofür wurden die finanziellen Mittel verwendet?
  ➜ **Mittelverwendung**
- In was wurde investiert?
  ➜ **Investierung**

28

Was weißt du über die Passiv-Seite der Bilanz?
Die Passiva, ist doch klar ...

Sie weist das Kapital aus:

I. Eigenkapital
II. Fremdkapital

Das Fremdkapital (= Verbindlichkeiten) wird sortiert nach den **Kapitalüberlassungsfristen**.

- Woher stammen die finanziellen Mittel?
  ➜ **Mittelherkunft**
- Womit wurde finanziert?
  ➜ **Finanzierung**

3. Kapitel: Werteveränderungen in der Bilanz

Geschäftsfall	€
„Wir kaufen 20 Porzellanbecher für den Kiosk und bezahlen bar."	10,00

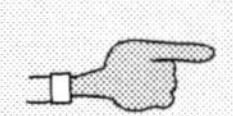

Leitfrage 1

Welche <u>Bilanzposten</u> werden durch den Geschäftsfall berührt?

Aktiva	Bilanz	Passiva
Anlagevermögen		
Geschäftsausstattung		
Umlaufvermögen		
Kasse		

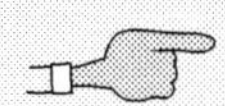

Leitfrage 2

Handelt es sich um <u>Aktiv-</u> und/oder <u>Passiv</u>posten der Bilanz?

Aktiva	Bilanz	Passiva
Anlagevermögen		
Geschäftsausstattung		
Umlaufvermögen		
Kasse		

Leitfrage 3

<u>Erhöht</u> oder <u>vermindert</u> der Geschäftsfall die einzelnen Bilanzposten?

Aktiva		Bilanz	Passiva
Anlagevermögen			
Geschäfts.	+10,00 €		
Umlaufvermögen			
Kasse	-10,00 €		

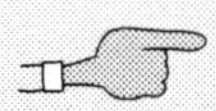

Leitfrage 4

Um welche Art der <u>vier</u> möglichen <u>Bilanzveränderungen</u> handelt es sich?

Aktiva		Bilanz	Passiva
Anlagevermögen			
Geschäfts.	+10,00 €		
Umlaufvermögen			
Kasse	-10,00 €		

→ Aktiv-Tausch!

Übungsblock 1: Geschäftsfälle bearbeiten!

24. Arbeitsauftrag:

- Bearbeiten Sie die nachfolgenden **Geschäftsfälle**, indem Sie jeweils die **4 Leitfragen** beantworten!

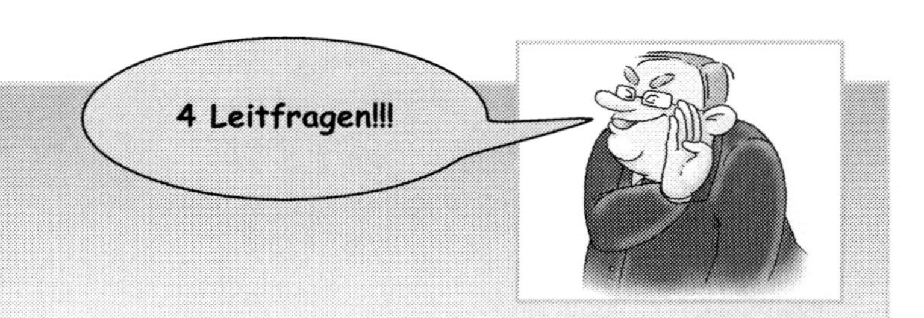

4 Leitfragen!!!

Geschäftsfälle		Leitfrage 1	Leitfrage 2	Leitfrage 3	Leitfrage 4
		Welche **Bilanzposten** werden durch den Geschäftsfall berührt?	Handelt es sich um **Aktiv-** und/oder **Passivposten** der Bilanz?	**Erhöht** oder **vermindert** der Geschäftsfall die einzelnen Bilanzposten?	Um welche der 4 möglichen **Bilanzveränderungen** handelt es sich?
Geschäftsfall „Wir kaufen 20 Porzellanbecher für den Kiosk und bezahlen bar."	**€** 10,00	Geschäftsausstattung	Aktivposten	**Mehrung** +10,00 €	**Aktiv-Tausch**
		Kasse	Aktivposten	**Minderung** -10,00 €	
Geschäftsfall 1 „Wir kaufen Limonade für den Kiosk und bezahlen die Rechnung später."	**€** 65,00	Waren	Aktivposten	Mehrung + 65,00 €	Aktiv-Passiv-Mehrung
		Verbindlichkeiten a. LL	Passivposten	Mehrung + 65,00 €	
Geschäftsfall 2 „Wir verkaufen Cola an Lehrer Klamm und erhalten den Betrag später."	**€** 1,80	Waren	Aktivposten	Minderung − 1,80 €	Aktiv-Tausch
		Forderungen a. LL	Aktivposten	Mehrung + 1,80 €	

Noch mehr **Geschäftsfälle**?	Leitfrage 1	Leitfrage 2	Leitfrage 3	Leitfrage 4
	Welche **Bilanzposten** werden durch den Geschäftsfall berührt?	Handelt es sich um **Aktiv-** und/oder **Passivposten** der Bilanz?	**Erhöht** oder **vermindert** der Geschäftsfall die einzelnen Bilanzposten?	Um welche der 4 möglichen **Bilanzveränderungen** handelt es sich?
Geschäftsfall 3 (€) „Hausmeister Kruse wandelt eine Verbindlichkeit a. LL in ein Darlehen um." 100,00	Verbindlichkeiten a. LL	Passivposten	Minderung – 100,00 €	Passiv-Tausch
	Darlehensschulden	Passivposten	Mehrung + 100,00 €	
Geschäftsfall 4 (€) „Lehrer Klamm bezahlt die Cola der vergangenen Woche mit Bargeld." 1,80	Forderungen a. LL	Aktivposten	Minderung – 1,80 €	Aktiv-Tausch
	Kasse	Aktivposten	Mehrung + 1,80 €	
Geschäftsfall 5 (€) „Wir kaufen ein neues Waffeleisen für den Kiosk und bezahlen später." 35,00	Geschäftsausstattung	Aktivposten	Mehrung + 35,00 €	Aktiv-Passiv-Mehrung
	Verbindlichkeiten a. LL	Passivposten	Mehrung + 35,00 €	
Geschäftsfall 6 (€) „Hausmeister Kruse überweist die Tilgungsrate für ein langfristiges Darlehen." 150,00	Bank	Aktivposten	Minderung – 150,00 €	Aktiv-Passiv-Minderung
	Darlehensschulden	Passivposten	Minderung – 150,00 €	

Ich liebe Geschäftsfälle!!!

Ahh, noch mehr **Geschäftsfälle**!!!

	Leitfrage 1	Leitfrage 2	Leitfrage 3	Leitfrage 4
	Welche **Bilanzposten** werden durch den Geschäftsfall berührt?	Handelt es sich um **Aktiv-** und/oder **Passivposten** der Bilanz?	**Erhöht** oder **vermindert** der Geschäftsfall die einzelnen Bilanzposten?	Um welche der 4 möglichen **Bilanzveränderungen** handelt es sich?
Geschäftsfall 7 (€) „Wir überweisen den Rechnungsbetrag für das Waffeleisen vom Konto." 35,00	Verbindlichkeiten a. LL	Passivposten	Minderung − 35,00 €	Aktiv-Passiv-Minderung
	Bank	Aktivposten	Minderung − 35,00 €	
Geschäftsfall 8 (€) „Birgit zahlt die Tageseinnahmen auf das Bankkonto ein." 52,00	Kasse	Aktivposten	Minderung − 52,00 €	Aktiv-Tausch
	Bank	Aktivposten	Mehrung + 52,00 €	
Geschäftsfall 9 (€) „Wir liefern belegte Brötchen für den Elternabend und bekommen Bargeld." 28,00	Waren	Aktivposten	Minderung − 28,00 €	Aktiv-Tausch
	Kasse	Aktivposten	Mehrung + 28,00 €	
Geschäftsfall 10 (€) „Wir kaufen Orangensaft für den Kiosk und bezahlen später." 55,00	Waren	Aktivposten	Mehrung + 55,00 €	Aktiv-Passiv-Mehrung
	Verbindlichkeiten a. LL	Passivposten	Mehrung + 55,00 €	

Wie, keine neuen **Geschäftsfälle** mehr???

25. Arbeitsauftrag:

Geschäftsfälle wirken sich auf die Bilanz aus. Dabei sind vier mögliche **Arten der Bilanzveränderung** denkbar.

- Ordnen Sie die folgenden **Geschäftsfälle** den vorgegebenen Bilanzveränderungen zu, indem Sie die Nummer des jeweiligen Geschäftsfalles in das freie Feld eintragen.

Geschäftsfälle ...

1.	„Wir kaufen eine Kaffeemaschine für den Kiosk und bezahlen bar."
2.	„Wir bezahlen die fällige Rechnung von Getränkehändler Schluck durch eine Banküberweisung."
3.	„Wir kaufen 10 Kisten Cola und bezahlen später."
4.	„Hausmeister Werner Kruse wandelt eine kurzfristige Verbindlichkeit a. LL in eine langfristige Verbindlichkeit um."
5.	„Wir liefern der SV die belegten Brötchen für die Abschlussfeier. Die SV bezahlt später."
6.	„Ralf zahlt unsere Tageseinnahmen auf unser Bankkonto ein."

3	**Aktiv-Passiv-Mehrung**

1	**Aktiv-Tausch**

2	**Aktiv-Passiv-Minderung**

4	**Passiv-Tausch**

5	**Aktiv-Tausch**

	Aktiv-Passiv-Minderung

6	**Aktiv-Tausch**

Übungsblock 2:
Zwischenprüfung bei Lehrer Klamm!

26. Arbeitsauftrag:

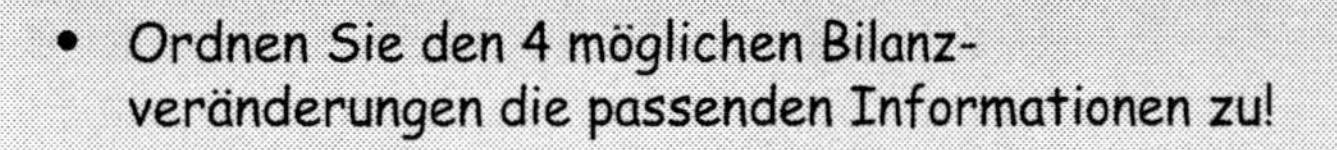

- Ordnen Sie den 4 möglichen Bilanzveränderungen die passenden Informationen zu!
- Beschreiben Sie die 4 Grundfälle in **ganzen Sätzen**!

Umschichtung auf der Aktivseite:
Aktivposten nimmt zu (+)
Aktivposten nimmt ab (-)

Mehrung auf beiden Bilanzseiten:
Aktivposten nimmt zu (+)
Passivposten nimmt zu (+)

Minderung auf beiden Bilanzseiten:
Aktivposten nimmt ab (-)
Passivposten nimmt ab (-)

Bilanzverlängerung

Bilanzsumme unverändert

Umschichtung auf der Passivseite:
Passivposten nimmt ab (-)
Passivposten nimmt zu (+)

Bilanzverkürzung

Bilanzsumme unverändert

Aktiv-Tausch: *Beim Aktivtausch werden zwei Posten auf der Aktivseite umgeschichtet. Dabei nimmt ein Aktivposten im gleichen Maße zu, wie ein anderer Aktiv-Posten abnimmt. Die Bilanzsumme bleibt dabei unverändert.*

Passiv-Tausch: *Beim Passivtausch werden zwei Posten auf der Passivseite umgeschichtet. Dabei nimmt ein Passivposten im gleichen Maße zu, wie ein anderer Passiv-Posten abnimmt. Die Bilanzsumme bleibt dabei unverändert.*

Aktiv-Passiv-Mehrung: *Auf der Aktiv- und der Passivseite nimmt je ein Posten um den gleichen Wert zu. Dabei erhöht sich die Bilanzsumme um diesen Wert. Man spricht von einer Bilanzverlängerung.*

Aktiv-Passiv-Minderung: *Auf der Aktiv- und der Passivseite nimmt je ein Posten um den gleichen Wert ab. Dabei verringert sich die Bilanzsumme um diesen Wert. Man spricht von einer Bilanzverkürzung.*

29

Was sind denn **Geschäftsfälle**?

Alle Vorgänge, die aufgrund von vorliegenden Belegen zu **Veränderungen einzelner Bilanzposten** führen, nennt man **Geschäftsfälle**.

Beispiele:
➜ „Wir kaufen einen PC und bezahlen bar."
➜ „Wir bezahlen eine Rechnung per Banküberweisung."
➜ „Wir verkaufen Waren und werden bar bezahlt."
➜ „Wir kaufen Waren und bezahlen später."

30

Es gibt nur **4 Grundfälle**, die zu Werteveränderungen auf der Bilanz führen! Aber welche?

Merke: Jeder Geschäftsfall verändert die Werte in der Bilanz!

Daher sind folgende **4 Werteveränderungen** in der Bilanz möglich:

1. **Aktiv-Tausch**
2. **Passiv-Tausch**
3. **Aktiv-Passiv-Minderung**
4. **Aktiv-Passiv-Mehrung**

31

Und wie findest du die Werteveränderungen auf der Bilanz heraus?
Es gibt doch **4 Leitfragen**!

Leitfrage 1: Welche **Bilanzposten** werden durch den Geschäftsfall berührt?

Leitfrage 2: Handelt es sich um **Aktiv-** und/oder **Passivposten** der Bilanz?

Leitfrage 3: **Erhöht** oder **vermindert** der Geschäftsfall die einzelnen Bilanzposten?

Leitfrage 4: Um welche der 4 möglichen **Bilanzveränderungen** handelt es sich?

32

Wie war das noch mit dem **Aktiv-Tausch**?
Oh, die Kruses!

Ein Geschäftsfall betrifft nur die **Aktivseite** der Bilanz.

Ein Aktivposten **nimmt** im gleichen Maße zu, wie ein anderer Aktivposten **abnimmt**.

Dabei bleibt die Bilanzsumme **unverändert**.

z. B.: „Wir kaufen einen PC und bezahlen bar."

➜ Betroffen sind die **Aktivposten**: **Geschäftsausstattung** und **Kasse**

33

Ein Geschäftsfall betrifft nur die **Passivseite** der Bilanz.

Ein Passivposten **nimmt** im gleichen Maße zu, wie ein anderer Passivposten **abnimmt**.

Dabei bleibt die Bilanzsumme **unverändert**.

z. B.: „Wir wandeln eine Verbindlichkeit a. LL in eine langfristige Verbindlichkeit um."

→ Betroffen sind die **Passivposten**: **Verbindlichkeiten a. LL** und **Darlehensschulden**

34

Ein Geschäftsfall betrifft die **Aktiv- und** die **Passivseite** der Bilanz.

Auf der Aktiv- **und** Passivseite **nimmt** je ein Posten um den gleichen Wert **ab**.

Dabei **verringert** sich die Bilanzsumme.

→ **Bilanzverkürzung**

z. B.: „Wir bezahlen eine Liefererrechnung."

→ Betroffen sind die **Aktiv-** und **Passivposten**: **Bank** und **Verbindlichkeiten a. LL**

35

Ein Geschäftsfall betrifft die **Aktiv- und** die **Passivseite** der Bilanz.

Auf der Aktiv- **und** Passivseite **nimmt** je ein Posten um den gleichen Wert **zu**.

Dabei **erhöht** sich die Bilanzsumme.

→ **Bilanzverlängerung**

z. B.: „Wir kaufen Waren und bezahlen später."

→ Betroffen sind die **Aktiv-** und **Passivposten**: **Waren** und **Verbindlichkeiten a. LL**

4. Kapitel: Buchen auf Bestandskonten

„Wir verkaufen 2 belegte Brötchen und erhalten 2,40 €."

„Wir bezahlen die Rechnung des Getränkehändlers in Höhe von 25,00 € durch eine Banküberweisung."

„Wir verkaufen 3 belegte Brötchen und 2 Kaffee und erhalten 4,80 € bar."

„Wir kaufen Orangensaft im Wert von 24,00 € und zahlen später."

„Wir kaufen eine Mikrowelle im Wert von 70,00 € und zahlen später."

„Wir kaufen 40 Porzellanbecher im Wert von 20,00 € und zahlen bar."

Uiiih, ... und Sie schreiben die Bilanz **nach jedem Geschäftsfall wieder neu**???
Er hat wirklich keine Ahnung von Bestandskonten!!!
BUCH-HALTUNG

Übungsblock 1:
Bestandskonten einrichten!

27. Arbeitsauftrag:

Nachfolgend finden Sie eine **Bilanz** des Schülerkiosks „Café Krümel" **ohne Wertangaben**.

- Übernehmen Sie die **Bilanzwerte** aus der Bilanz des Kiosks (16. Arbeitsauftrag)!
- Richten Sie für jeden Posten der Bilanz ein **Bestandskonto** ein, indem Sie die jeweiligen Bilanzwerte als **Anfangsbestände** übernehmen!
- Tragen Sie auf jedem Bestandskonto ein, wo die **Mehrungen** und **Minderungen** erfasst werden.

Hinweis: Übernehmen Sie die Farben der Bilanz so wie in den beiden Beispiel-Bestandskonten!

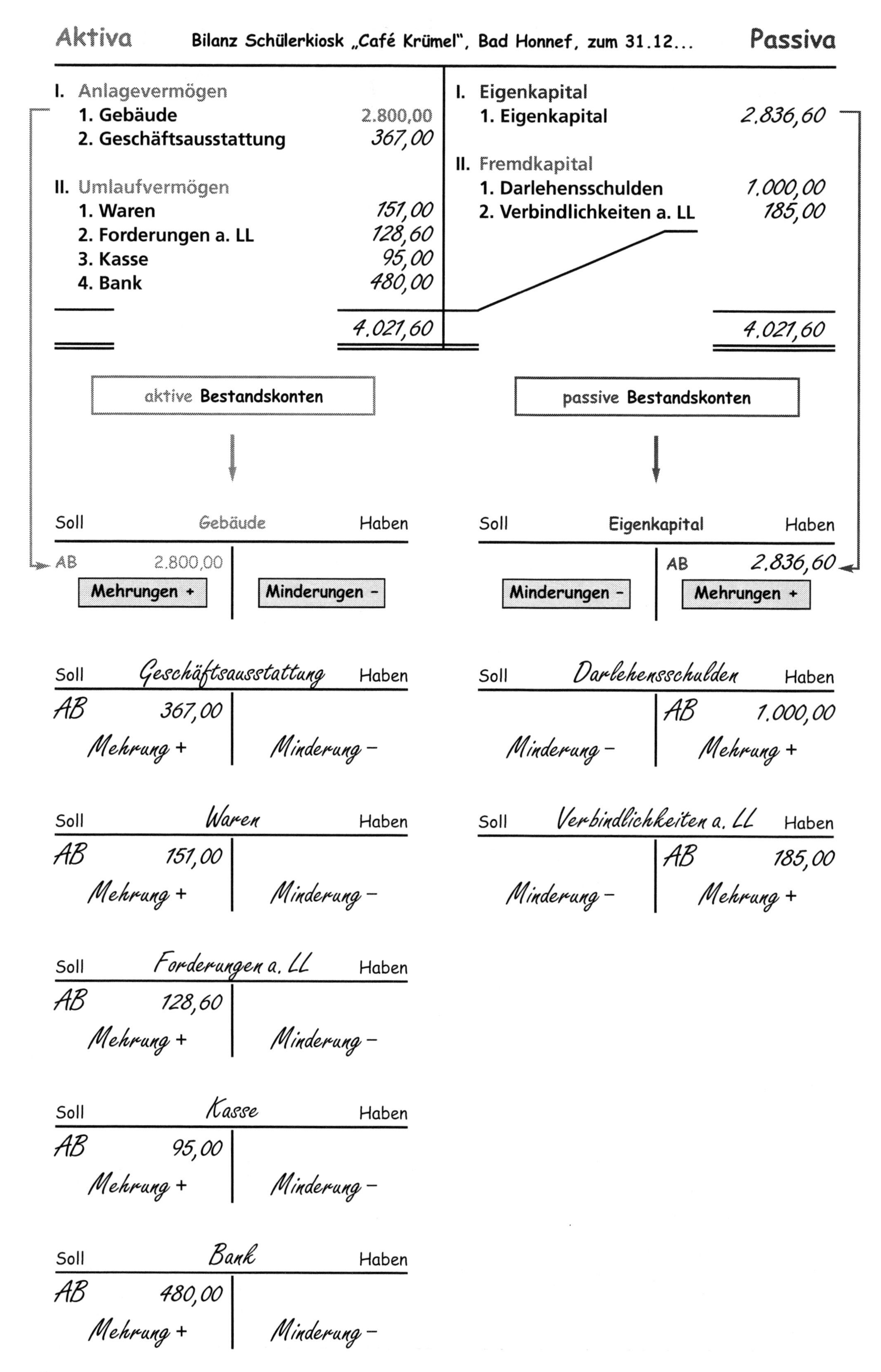
Aktiva
Bilanz Schülerkiosk „Café Krümel", Bad Honnef, zum 31.12...
Passiva
I. Anlagevermögen
1. Gebäude 2.800,00
2. Geschäftsausstattung 367,00
II. Umlaufvermögen
1. Waren 151,00
2. Forderungen a. LL 128,60
3. Kasse 95,00
4. Bank 480,00
4.021,60
I. Eigenkapital
1. Eigenkapital 2.836,60
II. Fremdkapital
1. Darlehensschulden 1.000,00
2. Verbindlichkeiten a. LL 185,00
4.021,60
aktive Bestandskonten
passive Bestandskonten
Soll Gebäude Haben
AB 2.800,00
Mehrungen +
Minderungen -
Soll Eigenkapital Haben
AB 2.836,60
Minderungen -
Mehrungen +
Soll Geschäftsausstattung Haben
AB 367,00
Mehrung +
Minderung -
Soll Darlehensschulden Haben
AB 1.000,00
Minderung -
Mehrung +
Soll Waren Haben
AB 151,00
Mehrung +
Minderung -
Soll Verbindlichkeiten a. LL Haben
AB 185,00
Minderung -
Mehrung +
Soll Forderungen a. LL Haben
AB 128,60
Mehrung +
Minderung -
Soll Kasse Haben
AB 95,00
Mehrung +
Minderung -
Soll Bank Haben
AB 480,00
Mehrung +
Minderung -

Übungsblock 2:
Geschäftsfälle verändern die Bestände der Konten!

Ich wollte dir schon lange 3 Fragen stellen!
KiOSK

Geschäftsfall	€
„Wir kaufen einen Kühlschrank für den Kiosk und bezahlen später."	298,00

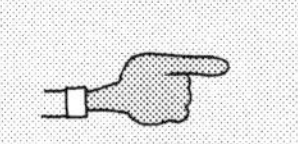

Leitfrage 1

Welche Konten werden von dem Geschäftsfall berührt?

Soll	Geschäftsausstattung	Haben

Soll	Verbindlichkeiten a. LL	Haben

Leitfrage 2

Zu welcher Kontenart gehören die Konten?

Aktiva	Bilanz	Passiva
Geschäftsausstattung		Verbindlichkeiten a. LL

Soll	Geschäftsausstattung	Haben
Anfangsbestand		

Soll	Verbindlichkeiten a. LL	Haben
		Anfangsbestand

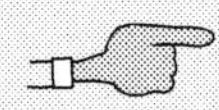

Leitfrage 3

Wie verändern sich die Kontenbestände: Mehrung + oder Minderung –?

Soll	Geschäftsausstattung	Haben
AB 367,00		
Mehrung + 298,00		

Soll	Verbindlichkeiten a. LL	Haben
		AB 185,00
		Mehrung + 298,00

28. Arbeitsauftrag:

- Bearbeiten Sie die folgenden Geschäftsfälle, indem Sie jeweils 3 Leitfragen beantworten!

Richtig, dies ist ein Arbeitsbuch!

Geschäftsfälle		Leitfrage 1	Leitfrage 2	Leitfrage 3
		Welche **Konten** werden von dem Geschäftsfall berührt?	Zu welcher **Kontenart** gehören die Konten?	Wie verändern sich die Kontenbestände: **Mehrung** oder **Minderung**?
Geschäftsfall **„Wir kaufen einen Kühlschrank für den Kiosk und bezahlen später."**	**€** **298,00**	Geschäftsausstattung	aktives Bestandskonto	**Mehrung** +298,00 €
		Verbindlichkeiten a. LL	passives Bestandskonto	**Mehrung** +298,00 €
Geschäftsfall 1 „Birgit zahlt die Tageseinnahmen aus der Kasse auf unser Bankkonto ein."	**€** 75,00	Kasse	aktives Bestandskonto	Minderung – 75,00 €
		Bank	aktives Bestandskonto	Mehrung + 75,00 €
Geschäftsfall 2 „Wir verkaufen 3 Puddingteilchen an Lehrer Klamm und erhalten Bargeld."	**€** 3,60	Waren	aktives Bestandskonto	Minderung – 3,60 €
		Kasse	aktives Bestandskonto	Mehrung + 3,60 €

… deshalb macht es ja auch Arbeit!

Geschäftsfall	€	Leitfrage 1 Welche **Konten** werden von dem Geschäftsfall berührt?	Leitfrage 2 Zu welcher **Kontenart** gehören die Konten?	Leitfrage 3 Wie verändern sich die Kontenbestände: **Mehrung** oder **Minderung**?
Geschäftsfall 3 „Klasse HO 1 überweist für die belegten Brötchen auf unser Konto."	18,00	Forderungen a. LL	aktives Bestandskonto	Minderung − 18,00 €
		Bank	aktives Bestandskonto	Mehrung + 18,00 €
Geschäftsfall 4 „Wir kaufen eine Mikrowelle für den Kiosk und bezahlen später."	70,00	Geschäftsausstattung	aktives Bestandskonto	Mehrung + 70,00 €
		Verbindlichkeiten a. LL	passives Bestandskonto	Mehrung + 70,00 €
Geschäftsfall 5 „Wir überweisen den Rechnungsbetrag für die Mikrowelle von unserem Konto."	70,00	Verbindlichkeiten a. LL	passives Bestandskonto	Minderung − 70,00 €
		Bank	aktives Bestandskonto	Minderung − 70,00 €
Geschäftsfall 6 „Hausmeister Kruse kauft Käse für den Kiosk und zahlt bar."	12,00	Waren	aktives Bestandskonto	Mehrung + 12,00 €
		Kasse	aktives Bestandskonto	Minderung − 12,00 €

… und weiter!

Geschäftsfall	€	Leitfrage 1 Welche **Konten** werden von dem Geschäftsfall berührt?	Leitfrage 2 Zu welcher **Kontenart** gehören die Konten?	Leitfrage 3 Wie verändern sich die Kontenbestände: **Mehrung** oder **Minderung**?
Geschäftsfall 7 „Wir kaufen Cola bei Getränkehändler Schluck und bezahlen später."	34,00	Waren	aktives Bestandskonto	Mehrung + 34,00 €
		Verbindlichkeiten a. LL	passives Bestandskonto	Mehrung + 34,00 €
Geschäftsfall 8 „Lehrer Klamm zahlt 3 belegte Brötchen und 2 Kaffee bar."	4,80	Waren	aktives Bestandskonto	Minderung − 4,80 €
		Kasse	aktives Bestandskonto	Mehrung + 4,80 €
Geschäftsfall 9 „Wir begleichen die Rechnung von Getränkehändler Schluck von unserem Konto."	34,00	Verbindlichkeiten a. LL	passives Bestandskonto	Minderung − 34,00 €
		Bank	aktives Bestandskonto	Minderung − 34,00 €
Geschäftsfall 10 „Wir liefern Obstteilchen für die Lehrerkonferenz und werden bar bezahlt."	24,00	Waren	aktives Bestandskonto	Minderung − 24,00 €
		Kasse	aktives Bestandskonto	Mehrung + 24,00 €

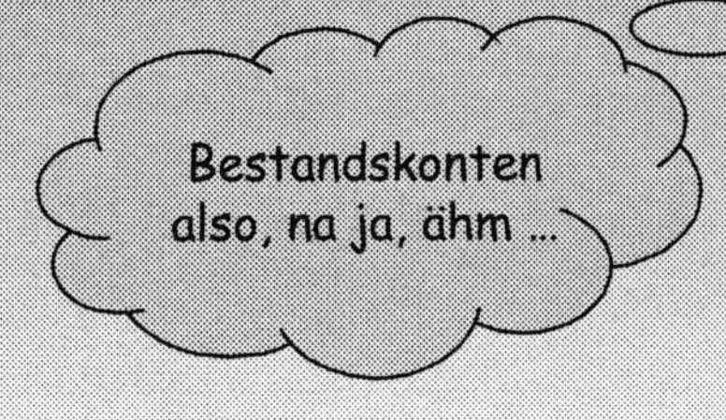
Bestandskonten
also, na ja, ähm ...

29. Arbeitsauftrag:

- Helfen Sie aus und schließen Sie die **Lücken** in den nachfolgenden Aussagen zum Thema Bestandskonten!

Für Bestandskonten gilt ...

1.	Mit jedem Geschäftsfall verändern sich die ....Werte............ der Bilanzposten.
2.	Da es keine verbesserte Übersicht bringt, die Bilanz nach jedem Geschäftsfall neu zu erstellen, werden die Geschäftsfälle auf eigenen Konten, den ....Bestands-........-Konten erfasst.
3.	Bestandskonten werden durch Auflösen der A k t i v - und der .....Passiv.seite der Bilanz gebildet.
4.	Entsprechend ihrer Herkunft von der Bilanz werden sie unterschieden in ....aktive Bestands..-konten und ....passive Bestands.-konten.
5.	Die linke Seite des Kontos trägt die Bezeichnung „.......Soll........", die rechte Seite des Kontos die Bezeichnung „.......Haben..........".
6.	Das Konto „Kasse" ist zum Beispiel ein ....aktives................. Bestandskonto.
7.	Diese Art der Bestandskonten erkennt man daran, dass ihr Anfangsbestand auf der ....Soll...-Seite des Kontos steht.
8.	Mehrungen stehen daher auf der ....Soll..-Seite, Minderungen dagegen auf der ....Haben.-Seite.
9.	Anders ist dies mit ....passiven........... Bestandskonten.
10.	Sie tragen ihren Anfangsbestand auf der ....Haben.-Seite.
11.	Mehrungen werden auf der ....Haben.-Seite eingetragen, Minderungen auf der ....Soll..-Seite.
12.	Ein Beispiel für diese Kontenart ist das Konto: ....Verbindlichkeiten a. LL........

Die Belohnung – ein grüner
Rätselbuchstabe!

30. Arbeitsauftrag:

- Sortieren Sie die nachfolgenden Begriffe und Aussagen in **zwei** Gruppen.
  Jede Gruppe sollte alle Informationen enthalten, die zusammengehören!

aktive Bestandskonten, z. B.:	**passive** Bestandskonten, z. B.:	Geschäftsausstattung
Sie werden durch **Auflösen der Aktiv-Seite** der Bilanz gebildet.	Forderungen a. LL	
Der **Anfangsbestand** steht auf der **Haben**-Seite.	Verbindlichkeiten a. LL	Bank
Sie werden durch **Auflösen der Passiv-Seite** der Bilanz gebildet.	Eigenkapital	
Mehrungen werden **im Haben** unter dem Anfangsbestand eingetragen.	Gebäude	
Der **Anfangsbestand** steht auf der **Soll**-Seite.	langfristige Verbindlichkeiten	Kasse
Mehrungen werden **im Soll** unter dem Anfangsbestand eingetragen.	Waren	
Minderungen werden **im Soll** gebucht.	**Minderungen** werden **im Haben** gebucht.	

Bestandskonten werden unterteilt in ...	
• Aktive Bestandskonten, z. B.: – Gebäude – Geschäftsausstattung – Waren – Forderungen a. LL – Kasse – Bank	• Passive Bestandskonten, z. B.: – Eigenkapital – Langfristige Verbindlichkeiten – Verbindlichkeiten a. LL
• Sie werden durch Auflösen der Aktiv-Seite der Bilanz gebildet.	• Sie werden durch Auflösen der Passiv-Seite der Bilanz gebildet.
• Der Anfangsbestand steht auf der Soll-Seite.	• Der Anfangsbestand steht auf der Haben-Seite.
• Mehrungen werden im Soll unter dem Anfangsbestand eingetragen.	• Mehrungen werden im Haben unter dem Anfangsbestand eingetragen.
• Minderungen werden im Haben gebucht.	• Minderungen werden im Soll gebucht.

Übungsblock 3:
Soll und Haben zuordnen!

Wiederholung!	Leitfrage 1 Welche **Konten** werden von dem Geschäftsfall berührt?	Leitfrage 2 Zu welcher **Kontenart** gehören die Konten?	Leitfrage 3 Wie verändern sich die Kontenbestände: **Mehrung** oder **Minderung**?
Geschäftsfall: „Wir kaufen einen Kühlschrank für den Kiosk und bezahlen später." – € 298,00	Geschäftsausstattung	aktives Bestandskonto	Mehrung
	Verbindlichkeiten a. LL	passives Bestandskonto	Mehrung

1, 2, 3 sind klar und was passiert dann?

1. **Schritt**:
Bearbeiten Sie zunächst die Leitfragen 1 bis 3 wie bisher!

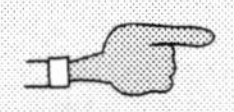

Leitfrage 4

Auf welcher Kontenseite wird gebucht?

2. **Schritt**:
Entscheiden Sie nun,
- bei welchem Konto auf der **Soll-Seite** und
- bei welchem Konto auf der **Haben-Seite** gebucht wird?

Soll-Seite	Bei aktiven Bestandskonten werden Mehrungen auf der Soll-Seite unter dem Anfangsbestand gebucht.
Haben-Seite	Bei passiven Bestandskonten werden Mehrungen auf der Haben-Seite unter dem Anfangsbestand gebucht.

31. Arbeitsauftrag:

- Bearbeiten Sie die nachfolgenden Geschäftsfälle, indem Sie jeweils die **4 Leitfragen** beantworten!

Geschäftsfälle	Leitfrage 1	Leitfrage 2	Leitfrage 3	Leitfrage 4
	Welche **Konten** werden von dem Geschäftsfall berührt?	Zu welcher **Kontenart** gehören die Konten?	Wie verändern sich die Kontenbestände: **Mehrung** oder **Minderung**?	Auf welcher **Kontenseite** wird gebucht?
Geschäftsfall (€): „Wir kaufen einen Kühlschrank für den Kiosk und bezahlen später." 298,00	Geschäftsausstattung	aktives Bestandskonto	Mehrung + 298,00 €	Soll
	Verbindlichkeiten a. LL	passives Bestandskonto	Mehrung + 298,00 €	Haben
Geschäftsfall 1 (€): „Wir heben von unserem Konto Wechselgeld für die Kasse ab." 50,00	Bank	aktives Bestandskonto	Minderung − 50,00 €	Haben
	Kasse	aktives Bestandskonto	Mehrung + 50,00 €	Soll
Geschäftsfall 2 (€): „Die SV überweist für die Schulfete die Getränkerechnung." 85,00	Bank	aktives Bestandskonto	Mehrung + 85,00 €	Soll
	Forderungen a. LL	aktives Bestandskonto	Minderung − 85,00 €	Haben

Ich habe Geduld!

Geschäftsfall	€	Leitfrage 1 Welche **Konten** werden von dem Geschäftsfall berührt?	Leitfrage 2 Zu welcher **Kontenart** gehören die Konten?	Leitfrage 3 Wie verändern sich die Kontenbestände: **Mehrung** oder **Minderung**?	Leitfrage 4 Auf welcher **Kontenseite** wird gebucht?
Geschäftsfall 3 „Wir kaufen 50 Powerriegel für den Kiosk und zahlen bar."	15,00	*Waren*	*aktives Bestandskonto*	*Mehrung + 15,00 €*	*Soll*
		Kasse	*aktives Bestandskonto*	*Minderung – 15,00 €*	*Haben*
Geschäftsfall 4 „Wir verkaufen 1 Cola und 3 Power-riegel und werden bar bezahlt."	3,30	*Waren*	*aktives Bestandskonto*	*Minderung – 3,30 €*	*Haben*
		Kasse	*aktives Bestandskonto*	*Mehrung + 3,30 €*	*Soll*
Geschäftsfall 5 „Klasse HU2 kauft Cola für den Wandertag und bezahlt später."	18,00	*Waren*	*aktives Bestandskonto*	*Minderung – 18,00 €*	*Haben*
		Forderungen a. LL	*aktives Bestandskonto*	*Mehrung + 18,00 €*	*Soll*
Geschäftsfall 6 „Wir überweisen das Geld für den Kühlschrank von unserem Konto."	298,00	*Verbindlichkeiten a. LL*	*passives Bestandskonto*	*Minderung – 298,00 €*	*Soll*
		Bank	*aktives Bestandskonto*	*Minderung – 298,00 €*	*Haben*

Übungsblock 4:
Einfache und zusammengesetzte Buchungssätze bilden!

Geschäftsfall	€
„Wir kaufen einen Kühlschrank für den Kiosk und bezahlen später."	298,00

Leitfrage 1	Leitfrage 2	Leitfrage 3	Leitfrage 4
Welche **Konten** werden von dem Geschäftsfall berührt?	Zu welcher **Kontenart** gehört das Konto?	Wie verändern sich die Kontenbestände: **Mehrung** oder **Minderung**?	Auf welcher **Kontenseite** wird gebucht?
Geschäftsausstattung	aktives Bestandskonto	Mehrung + 298,00	Soll
Verbindlichkeiten a. LL	passives Bestandskonto	Mehrung + 298,00	Haben

Nimm **zuerst** das Konto Geschäftsausstattung und buche auf der **Soll-Seite** 298,00 €! Nimm **danach** das Konto Verbindlichkeiten a. LL und buche auf der **Haben-Seite** ebenfalls 298,00 €!
Oh, **immer** zuerst **Soll** und dann **Haben**! Und dazwischen das Wörtchen **an**!
Das ist ein einfacher Buchungssatz!

Buchungssatz	Soll	Haben
Geschäftsausstattung an Verbindlichkeiten a. LL	298,00 €	298,00 €

32. Arbeitsauftrag:

„Buchhaltern" in den Mund gelegt!

- Formulieren Sie zu den nachfolgenden Geschäftsfällen die **Buchungsanweisungen**!

Ob ich der Bedienung auch Anweisungen geben sollte?

Nimm danach das Konto Kasse und buche auf der Habenseite 95,00 €!

Geschäftsfall 1	€
„Wir zahlen unsere Tageseinnahmen auf das Bankkonto ein."	95,00

Geschäftsfall 2	€
„Wir kaufen eine Fritteuse und zahlen später."	65,00

Nimm danach das Konto Bank und buche auf der Habenseite 50,00 €!

Geschäftsfall 3	€
„Hausmeister Kruse überweist eine fällige Darlehensrate von unserem Konto."	50,00

Und nun die Steigerung!

Mit 2 Konten kommen wir hier aber **nicht** aus !

Geschäftsfall	€
„Wir kaufen eine Mikrowelle. 25,00 € zahlen wir sofort mit Bargeld, die Restsumme zahlen wir später."	75,00

33. Arbeitsauftrag:

- Schließen Sie die **Lücken** und **buchen** Sie den obigen Geschäftsfall!

Leitfrage 1	Leitfrage 2	Leitfrage 3	Leitfrage 4
Welche **Konten** werden von dem Geschäftsfall berührt?	Zu welcher **Kontenart** gehört das Konto?	Wie verändern sich die Kontenbestände: **Mehrung** oder **Minderung**?	Auf welcher **Kontenseite** wird gebucht?
Geschäftsausstattung	aktives Bestandskonto	Mehrung + 75,00 €	Soll
Kasse	aktives Bestandskonto	Minderung – 25,00 €	Haben
Verbindlichkeiten a. LL	passives Bestandskonto	Mehrung + 50,00 €	Haben

Buchungssatz	Soll	Haben
Geschäftsausstattung	75,00	
an Kasse		25,00
an Verbindlichkeiten a. LL		50,00

Sie haben es sicher gemerkt!
Dies ist ein
zusammengesetzter Buchungssatz!

Fassen wir zusammen!

Buchungssatz	Soll	Haben
Einfacher Buchungssatz: 2 Konten!	15,00	
		15,00

Soll an **Haben!**

Sollbetrag = Habenbetrag

Buchungssatz	Soll	Haben
Zusammengesetzter Buchungssatz: mindestens 3 Konten!	75,00	
		25,00
		50,00

Soll an **Haben!**

Sollbetrag = Habenbetrag

Und - haben Sie Biss?

34. Arbeitsauftrag:

- Schließen Sie die **Satzlücken**!

Buchungssätze sind kurzformulierte Anweisungen, wie ....*Geschäftsfälle*....... zu buchen sind. In Buchungssätzen werden die ....*Konten*........... benannt, auf denen gebucht werden soll. Nach der Regel „...................*Soll an Haben*..............." wird zuerst das Konto angerufen, auf dem der ..*Sollbetrag*.. gebucht wird, dann das Konto, auf dem der ....*Habenbetrag*... gebucht wird. ...*Einfache*... Buchungssätze umfassen nur ..*zwei*... Konten: Ein Konto auf der ......*Sollseite*.... und ein Konto auf der *Habenseite*! ....*Zusammengesetzte*....... Buchungssätze rufen mindestens .*drei*.. Konten an, die auf der Soll- und Haben-Seite gebucht werden.

35. Arbeitsauftrag:

- Bearbeiten Sie die nachfolgenden Geschäftsfälle, indem Sie jeweils die **4 Leitfragen** beantworten.
- Bilden Sie abschließend den **Buchungssatz**!

Und nun bilden Sie den **Buchungssatz** nach der Regel: **Soll** an **Haben!**

Geschäftsfälle	Leitfrage 1 Welche **Konten** werden von dem Geschäftsfall berührt?	Leitfrage 2 Zu welcher **Kontenart** gehören die Konten?	Leitfrage 3 Wie verändern sich die Kontenbestände: **Mehrung** oder **Minderung**?	Leitfrage 4 Auf welcher **Kontenseite** wird gebucht?	Buchungssatz	Soll	Haben
Geschäftsfall (€) **„Wir kaufen 50 Powerriegel für den Kiosk und zahlen später."** 15,00	**Waren**	**aktives Bestandskonto**	**Mehrung**	**Soll**	**Waren** an **Verb. a. LL**	**15,00**	
	Verbindlichkeiten a. LL	**passives Bestandskonto**	**Mehrung**	**Haben**			**15,00**
Geschäftsfall 1 (€) „Wir zahlen unsere Tageseinnahmen auf das Bankkonto ein." 95,00	Bank	aktives Bestandskonto	Mehrung	Soll	Bank an Kasse	95,00	
	Kasse	aktives Bestandskonto	Minderung	Haben			95,00
Geschäftsfall 2 (€) „Wir kaufen eine Fritteuse für den Kiosk und zahlen später." 65,00	Geschäftsausstattung	aktives Bestandskonto	Mehrung	Soll	Geschäftsausst. an Verb. a. LL	65,00	
	Verbindlichkeiten a. LL	passives Bestandskonto	Mehrung	Haben			65,00

Geschäftsfälle	Leitfrage 1 Welche **Konten** werden von dem Geschäftsfall berührt?	Leitfrage 2 Zu welcher **Kontenart** gehören die Konten?	Leitfrage 3 Wie verändern sich die Kontenbestände: **Mehrung** oder **Minderung**?	Leitfrage 4 Auf welcher **Kontenseite** wird gebucht?	Nicht vergessen: **Soll** an **Haben** Buchungssatz	Soll	Haben
Geschäftsfall 3 (€) „Wir liefern ein Buffet für das Lehrerkollegium gegen Barzahlung." 98,00	Kasse	aktives Bestandskonto	Mehrung	Soll	Kasse an Waren	98,00	
	Waren	aktives Bestandskonto	Minderung	Haben			98,00
Geschäftsfall 4 (€) „Hausmeister Kruse überweist eine fällige Darlehensrate von unserem Konto." 50,00	Langfristige Verbindlickeiten	passives Bestandskonto	Minderung	Soll	Langfr. Verb. an Bank	50,00	
	Bank	aktives Bestandskonto	Minderung	Haben			50,00
Geschäftsfall 5 (€) „Wir bezahlen die Rechnung der Metzgerei Haxe per Überweisung." 32,00	Verbindlichkeiten a. LL	passives Bestandskonto	Minderung	Soll	Verbindl. a. LL an Bank	32,00	
	Bank	aktives Bestandskonto	Minderung	Haben			32,00
Geschäftsfall 6 (€) „Wir verkaufen die alte Kaffeemaschine und werden bar bezahlt." 5,00	Kasse	aktives Bestandskonto	Mehrung	Soll	Kasse an Geschäfts.	5,00	
	Geschäftsausstattung	aktives Bestandskonto	Minderung	Haben			5,00

Geschäftsfälle	Leitfrage 1 Welche **Konten** werden von dem Geschäftsfall berührt?	Leitfrage 2 Zu welcher **Kontenart** gehören die Konten?	Leitfrage 3 Wie verändern sich die Kontenbestände: **Mehrung** oder **Minderung**?	Leitfrage 4 Auf welcher **Kontenseite** wird gebucht?	Für immer: **Soll** an **Haben** Buchungssatz	Soll	Haben
Geschäftsfall 7 (€) „Wir kaufen Orangensaft für den Kiosk und bezahlen später." 38,00	Waren	aktives Bestandskonto	Mehrung	Soll	Waren an Verb. a. LL	38,00	38,00
	Verbindlichkeiten a. LL	passives Bestandskonto	Mehrung	Haben			
Geschäftsfall 8 (€) „Lehrer Klamm kauft 10 belegte Brötchen für seine Skatrunde und bezahlt später." 12,00	Forderungen a. LL	aktives Bestandskonto	Mehrung	Soll	Forder. a. LL an Waren	12,00	12,00
	Waren	aktives Bestandskonto	Minderung	Haben			
Geschäftsfall 9 (€) „Lehrer Klamm bezahlt die ‚Skat'-Brötchen von letzter Woche bar." 12,00	Kasse	aktives Bestandskonto	Mehrung	Soll	Kasse an Ford. a. LL	12,00	12,00
	Forderungen a. LL	aktives Bestandskonto	Minderung	Haben			
Geschäftsfall 10 (€) „Wir bezahlen den Orangensaft für den Kiosk durch eine Banküberweisung." 38,00	Verbindlichkeiten a. LL	passives Bestandskonto	Minderung	Soll	Verb. a. LL an Bank	38,00	38,00
	Bank	aktives Bestandskonto	Minderung	Haben			

Geschäftsfälle	Leitfrage 1 Welche **Konten** werden von dem Geschäftsfall berührt?	Leitfrage 2 Zu welcher **Kontenart** gehören die Konten?	Leitfrage 3 Wie verändern sich die Kontenbestände: **Mehrung** oder **Minderung**?	Leitfrage 4 Auf welcher **Kontenseite** wird gebucht?	Ganz klar: **Soll** an **Haben** Buchungssatz	Soll	Haben
Geschäftsfall 11 (€) „Wir kaufen Kaffeelöffel. 5,00 € zahlen wir bar und 20,00 € später." 25,00	Geschäftsausstattung	aktives Bestandskonto	Mehrung	Soll	Geschäftsausst.	25,00	
	Kasse	aktives Bestandskonto	Minderung	Haben	an Kasse		5,00
	Verbindlichkeiten a. LL	passives Bestandskonto	Mehrung	Haben	an Verb. a. LL		20,00
Geschäftsfall 12 (€) „Lehrer Klamm kauft Cola. 2,00 € zahlt er sofort bar, den Rest später." 6,00	Kasse	aktives Bestandskonto	Mehrung	Soll	Kasse	2,00	
	Forderungen a. LL	aktives Bestandskonto	Mehrung	Soll	Ford. a. LL	4,00	
	Waren	aktives Bestandskonto	Minderung	Haben	an Waren		6,00
Geschäftsfall 13 (€) „Kruse tilgt ein Darlehen: 25,00 € bar, den Rest per Banküberweisung." 50,00	Langfristige Verbindlichkeiten	passives Bestandskonto	Minderung	Soll	Langfr. Verb.	50,00	
	Kasse	aktives Bestandskonto	Minderung	Haben	an Kasse		25,00
	Bank	aktives Bestandskonto	Minderung	Haben	an Bank		25,00
Geschäftsfall 14 (€) „Wir zahlen eine Rechnung: 40,00 € per Überweisung und 20,00 € bar." 60,00	Verbindlichkeiten a. LL	passives Bestandskonto	Minderung	Soll	Verb. a. LL	60,00	
	Bank	aktives Bestandskonto	Minderung	Haben	an Bank		40,00
	Kasse	aktives Bestandskonto	Minderung	Haben	an Kasse		20,00

Diese Lücken machen mich ganz fertig!

36. Arbeitsauftrag:

Entscheidende Informationen zum Thema „Buchen auf Bestandskonten" werden nachfolgend zusammengestellt. Leider fehlen wiederum entscheidende **Schlüsselwörter**.

- Suchen Sie sich die passenden Silben im „Silbenkasten" zusammen, um daraus die **Fachbegriffe** zu bilden.

Tipp: Um den nötigen Überblick zu behalten, sollten Sie die ausgewählten Silben nach Gebrauch durchstreichen!

Ich sehe grün!

Ha	Min	ten	ben	rung	ti	Ha
pas	Soll	zwei	de	Sei	Kon	rung
ben	art	Kru	ves	ves	Ha	Soll
☺	ak	si	ben	Meh	te	se

	Für das Buchen auf Bestandskonten gilt ...
1.	Jeder Geschäftsfall hat Auswirkungen auf mindestens ......zwei...... Konten.
2.	Für jedes Konto ist die Konten a r ti zu klären.
3.	Handelt es sich um ein ......aktives........ oder um ein ....passives.... Bestandskonto?
4.	Nur so wird deutlich, auf welcher Seite des Kontos die ....Mehrung............ oder die ......Minderung................ eingetragen wird.
5.	Bei jedem Geschäftsfall wird der Betrag auf der ......Soll..-Seite des einen Kontos und auf der ....Haben..-Seite des anderen Kontos eingetragen.
6.	Dem gebuchten Sollbetrag entspricht der gebuchte ....Haben...betrag.
7.	Nach der Regel „......Soll...... an ......Haben......" gibt der Buchungssatz an, auf welchen ......Konten...... der Betrag auf welcher ....Seite.......... gebucht wird!

Wer ist bei den Schülern am Berufskolleg „Kult" ?

Kru	se

Übungsblock 5:
Belege kontieren!

37. Arbeitsauftrag:

Hausmeister Kruse übergibt der Kiosk-Buchhaltung noch einige **Belege**! Bearbeiten Sie die nachfolgenden Belege entsprechend dem Beispiel:

- Vergeben Sie fortlaufende **Belegnummern**!
- Bilden Sie die Buchungssätze für die Belege, indem Sie **vorkontieren**!
- Bestimmen Sie, welche **Art des Belegs** jeweils vorliegt!

Beleg Nr. 342

Jean Croissant
Bäckerei und Konditorei

Jean Croissant, An der Mühle 3, 53604 Bad Honnef

Schulkiosk Städt. Berufskolleg
z.H. Hausmeister Kruse
Auf dem Bildungsweg 43
53604 Bad Honnef

Beispiel

Bad Honnef: 20..-11-22

Rechnungs-Nr.: 1067
USt-IdNr.: DE 65497999
Steuer-Nr.: 222/5454/3829

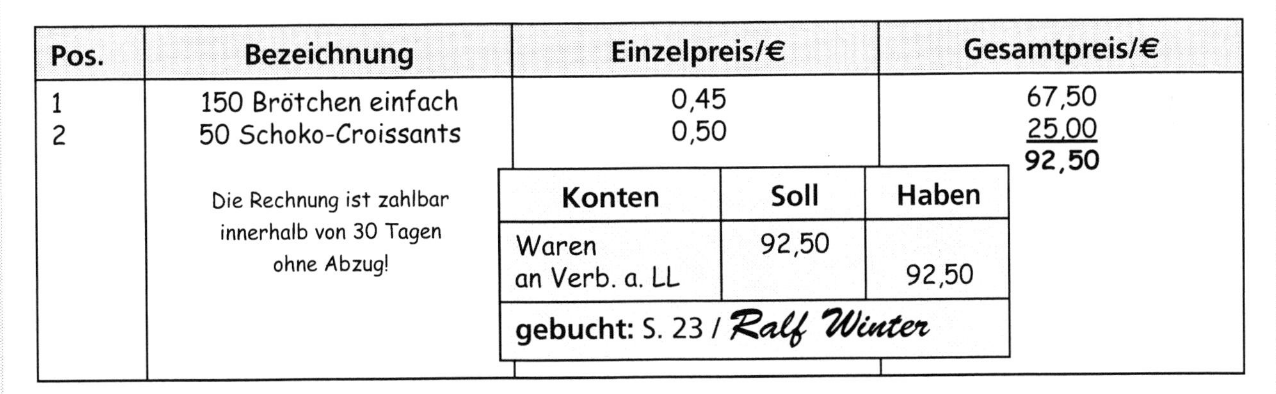

Pos.	Bezeichnung	Einzelpreis/€	Gesamtpreis/€
1	150 Brötchen einfach	0,45	67,50
2	50 Schoko-Croissants	0,50	25,00
			92,50

Die Rechnung ist zahlbar innerhalb von 30 Tagen ohne Abzug!

Konten	Soll	Haben
Waren	92,50	
an Verb. a. LL		92,50
gebucht: S. 23 / Ralf Winter		

Beleg: Eingangsrechnung (ER)

Schülerkiosk „Café Krümel"
Inh. Werner Kruse

Auf dem Bildungsweg 43
53604 Bad Honnef
Kassenbon

23.11.20..	9:58
2 Croissants	1,50 €
2 Kaffee	1,20 €
Summe	2,70 €

Vielen Dank für Ihren Besuch

Beleg Nr. *343*

Steuer-Nr.: 222/4321/1234

Beleg: *Kassenbeleg (KB)*

Konten	Soll	Haben
Kasse	*2,70*	
an Waren		*2,70*
gebucht: *S. 23 / Ralf Winter*		

Beleg Nr. 344

Schülerkiosk „Cafe Krümel"
Inh. Werner Kruse

Kiosk „Café Krümel" · Auf dem Bildungsweg 43 · 53604 Bad Honnef

SV am Städt. Berufskolleg
Auf dem Bildungsweg 43
53604 Bad Honnef

Bad Honnef: 26.11.20..

Rechnungs-Nr.: 34
USt-IdNr.: DE123654789
Steuer-Nr.: 222/4321/1234

Pos.	Bezeichnung	Einzelpreis/€	Gesamtpreis/€
	Anlässlich der Schulfeier „10 Jahre Förderverein" lieferten wir wunschgemäß:		
1	1 Buffet	Festpreis	125,00
2	diverse Getränke laut gesonderter Auflistung		95,00
			220,00
	Bitte zahlen Sie innerhalb von 30 Tagen ohne Abzug !		

Konten	Soll	Haben
Ford. a. LL	220,00	
an Waren		220,00
gebucht: S. 23 / Ralf Winter		

Beleg: *Ausgangsrechnung (AR)*

Schülerkiosk „Café Krümel"
Inh. Werner Kruse

Auf dem Bildungsweg 43
53604 Bad Honnef
Kassenbon

26.11.20..	11:16
1 Kaffee	0,60 €
1 belegtes Brötchen	1,20 €
Summe	1,80 €

Vielen Dank für Ihren Besuch!

Lehrer Klamm zahlt am Monatsende!

Beleg Nr. 345

Steuer-Nr.: 222/4321/1234

Beleg: *Kassenbeleg als Ausgangsrechnung*

Konten	Soll	Haben
Ford. a. LL	1,80	
an Waren		1,80
gebucht: S. 23 / Ralf Winter		

Elektro-Haus „Manni" Blitz

Elekto Blitz – Zur Einsicht 4 – 53604 Bad Honnef

Schülerkiosk „Café Krümel"
z. H. Herrn Kruse
Auf dem Bildungsweg 43
53604 Bad Honnef

Bad Honnef: 27.11.20..
Es bediente Sie: Herr Volt
Rechnungs-Nr.: 5436
USt-IdNr.: DE 589123737
Steuer-Nr.: 222/3842/1408

Pos.	Bezeichnung	Menge	Einzelpreis/€	Gesamtpreis/€
1	Profi-Fritteuse „Vesuv"-rot-metallic	1		89,90
	Rechnungsbetrag dankend in bar erhalten!			

Konten	Soll	Haben
Geschäftsausst.	89,90	
an Kasse		89,90
gebucht: S. 23 / Ralf Winter		

Beleg: Eingangsrechnung als Kassenbeleg

B

Kontoauszug Bankhaus Bimbes

Kontonummer 32156798

Tag	Erläuterungen	Wert	Betrag/€	
30.11.20..	SV Städt. Berufskolleg Rechnung Nr. 34 vom 26.11.20..	30.11.20..	220,00	Haben
		Kontostand am 29.11.20..	568,00	Haben
		Kontostand am 30.11.20..	788,00	Haben

Beleg Nr. 347

Herrn/Frau/Firma	Auszug Nr.
Werner Kruse Schülerkiosk „Café Krümel" Städtisches Berufskolleg	56

Beleg: Bankauszug (BA)

Konten	Soll	Haben
Bank	220,00	
an Ford. a. LL		220,00
gebucht: S. 23 / Ralf Winter		

Schülerkiosk „Café Krümel"
Inh. Werner Kruse

Auf dem Bildungsweg 43
53604 Bad Honnef
Kassenbon

30.11.20..	10:03
1 Fritten Rot-Weiß	1,90 €
1 Cola	0,60 €
Summe	2,50 €

Vielen Dank für Ihren Besuch

Beleg Nr. *348*

Steuer-Nr.: 222/4321/1234

Beleg: *Kassenbeleg (KB)*

Konten	Soll	Haben
Kasse	*2,50*	
an Waren		*2,50*
gebucht: *S. 23 / Ralf Winter*		

B

Kontoauszug Bankhaus Bimbes

Kontonummer 32156798

Tag	Erläuterungen	Wert	Betrag/€	
01.12.20..	Darlehensrate Vertrag 34576	01.12.20..	50,00	Soll
		Kontostand am 30.11.20..	788,00	Haben
		Kontostand am 01.12.20..	738,00	Haben

Herrn/Frau/Firma	Auszug Nr.
Werner Kruse Schülerkiosk „Café Krümel" Städtisches Berufskolleg	57

Beleg Nr. *349*

Beleg: *Bankauszug (BA)*

Konten	Soll	Haben
Darlehensschul.	*50,00*	
an Bank		*50,00*
gebucht: *S. 23 / Ralf Winter*		

38. Arbeitsauftrag:

- Formulieren Sie zu den vorkontierten Belegen aus dem 37. Arbeitsauftrag die **passenden Geschäftsfälle** in ganzen Sätzen!

Beleg Nr. 342	€
Eingangsrechnung (ER): „Wir kaufen Brötchen und Croissants für den Kiosk und bezahlen die Rechnung später."	92,50

Beleg Nr. 343	€
Kassenbeleg (KB): „Wir verkaufen 2 Croissants und 2 Kaffee und erhalten Bargeld."	2,70

Beleg Nr. 344	€
Ausgangsrechnung (AR): „Wir verkaufen ein Buffet. Die SV zahlt unsere Rechnung später."	220,00

Beleg Nr. 345	€
Kassenbeleg / Ausgangsrechnung: „Wir verkaufen 1 Kaffee und 1 belegtes Brötchen. Lehrer Klamm bezahlt später."	1,80

Beleg Nr. 346	€
Eingangsrechnung / Kassenbeleg: „Wir kaufen eine neue Profi-Fritteuse für den Kiosk und bezahlen bar."	89,90

Beleg Nr. 347	€
Bankauszug (BA): „Die SV bezahlt das Buffet per Banküberweisung auf unser Konto."	220,00

Beleg Nr. 348	€
Kassenbeleg (KB): „Wir verkaufen 1 Portion Fritten und 1 Cola und erhalten Bargeld."	2,50

Beleg Nr. 349	€
Bankauszug (BA): „Wir bezahlen eine Darlehensrate durch Überweisung von unserem Konto."	50,00

Übungsblock 6:
Geschäftsfälle im Grundbuch buchen!

Jetzt buche ich im Grundbuuuuch!

39. Arbeitsauftrag:

Nachdem Sie die Belege vorkontiert haben,

- buchen Sie entsprechend dem Beispiel die Buchungssätze in **zeitlicher Reihenfolge** im **Grundbuch** (Journal)!

Grundbuch			Schülerkiosk „Café Krümel"		
				Seite	
Lfd. Nr.	Buchungs-datum	Geschäftsvorfall	Buchungstext	Soll €	Haben €
		Laufende Geschäftsfälle			
342	22.11.20..	**ER** von einem Lieferer	Waren **an** Verbindlichkeiten a. LL	92,50	92,50
343	23.11.20..	KB für einen Kunden	Kasse an Waren	2,70	2,70
344	26.11.20..	AR für einen Kunden	Forderungen a. LL an Waren	220,00	220,00
345	26.11.20..	KB für einen Kunden als AR	Forderungen a. LL an Waren	1,80	1,80
346	27.11.20..	ER von einem Lieferer als KB	Geschäftsausstattung an Kasse	89,90	89,90
347	30.11.20..	BA von der Bimbes-Bank	Bank an Forderungen a. LL	220,00	220,00
348	30.11.20..	KB für einen Kunden	Kasse an Waren	2,50	2,50
349	01.12.20..	BA von der Bimbes-Bank	Darlehensschulden an Bank	50,00	50,00

Übungsblock 7:
Geschäftsfälle im Hauptbuch buchen!

Trauen Sie sich das zu?

40. Arbeitsauftrag:

Nachdem Sie im Grundbuch die Buchungssätze in zeitlicher Reihenfolge erfasst haben, werden diese nun auf den **Konten** im **Hauptbuch** gebucht.

- Übernehmen Sie die **Anfangsbestände** aus der Bilanz (16. Arbeitsauftrag)!
- Buchen Sie nun alle Geschäftsfälle des Grundbuches (39. Arbeitsauftrag) im **Hauptbuch**!

Hauptbuch | **Schülerkiosk „Café Krümel"**

Gebäude

Soll		Haben	
AB	2.800,00	SBK	2.800,00

Geschäftsausstattung

Soll		Haben	
AB	367,00	SBK	456,90
346) Kasse	89,90		
	456,90		456,90

Waren

Soll		Haben	
AB	151,00	343) Kasse	2,70
342) Verb. a. L	92,50	344) Ford.	220,00
		345) Ford.	1,80
		348) Kasse	2,50
		SBK	16,50
	243,50		243,50

Forderungen a. LL

Soll		Haben	
AB	128,60	347) Bank	220,00
344) Waren	220,00	SBK	130,40
345) Waren	1,80		
	350,40		350,40

Bank

Soll		Haben	
AB	480,00	349) Darlehen	50,00
347) Ford.	220,00	SBK	650,00
	700,00		700,00

Kasse

Soll		Haben	
AB	95,00	346) Geschäfts.	89,90
343) Waren	2,70	SBK	10,30
348) Waren	2,50		
	100,20		100,20

Darlehensschulden

Soll		Haben	
349) Bank	50,00	AB	1.000,00
SBK	950,00		
	1.000,00		1.000,00

Verbindlichkeiten a. LL

Soll		Haben	
SBK	277,50	AB	185,00
		342) Waren	92,50
	277,50		277,50

Eigenkapital

Soll		Haben	
SBK	2.836,60	AB	2.836,60

Übungsblock 8: Bestandskonten abschließen!

Hausmeister Kruse ist mit der Arbeit seiner Buchhaltung zufrieden. Die letzten Belege sind im Grundbuch erfasst und auf den Konten des Hauptbuches gebucht. Nun steht der **Abschluss der Bestandskonten** über das **Schlussbilanzkonto** an.

41. Arbeitsauftrag:

- Schließen Sie die Bestandskonten des 40. Arbeitsauftrags **formgerecht** ab und ermitteln Sie die jeweiligen **Salden**!

Irgendwie hat Birgit eine Buchhalternase!
Mmh, Saldieren in 4 Schritten!

Schritt ①	Stellen Sie zuerst fest, welche Seite des Kontos die wertmäßig größere Seite ist.
Schritt ②	Addieren Sie nun alle Beträge auf dieser wertmäßig größeren Seite.
Schritt ③	Übertragen Sie das Ergebnis dieser größeren Seite auf die andere (kleinere) Seite des Kontos.
Schritt ④	Die kleinere Seite wird jetzt zur Endsumme ③ ergänzt. Dieser Ergänzungsbetrag ist der Saldo.

Soll			**Kasse**		Haben
Anfangsbestand		200,00	Geschäftsausstattung		125,00
Waren		15,00	Bank		50,00
Waren	①	100,00	**SBK**	④	**148,00**
Waren		8,00			
	②	323,00		③	323,00

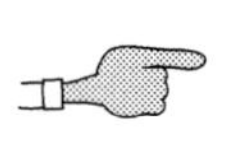

Sperren Sie leere Zeilen im Konto immer durch die **Buchhalternase**!

42. Arbeitsauftrag:

- Schließen Sie die Konten über das **Schlussbilanzkonto (SBK)** formgerecht ab.
- Bilden Sie für **jedes Bestandskonto** einen **Abschlussbuchungssatz** und tragen Sie diesen in den nachfolgenden Grundbuchauszug ein.

Schlussbilanzkonto

Soll		Haben	
Gebäude	2.800,00	Eigenkapital	2.836,60
Geschäftsausstattung	456,90	Darlehensschulden	950,00
Waren	16,50	Verbindlichk. a. LL	277,50
Forderungen a. LL	130,40		
Kasse	10,30		
Bank	650,00		
	4.064,10		4.064,10

Grundbuch			Schülerkiosk „Café Krümel"		
				Seite	
Lfd. Nr.	Buchungs-datum	Geschäftsvorfall	Buchungstext	Soll €	Haben €
		Abschlussbuchungen			
1	31.12.20..	**Abschluss** des Kontos Gebäude	SBK **an** Gebäude	2.800,00	2.800,00
2	31.12.20..	Abschluss des Kontos Geschäftsausstattung	SBK an Geschäftsausstattung	456,90	456,90
3	31.12.20..	Abschluss des Kontos Waren	SBK an Waren	16,50	16,50
4	31.12.20..	Abschluss des Kontos Forderungen a. LL	SBK an Forderungen a. LL	130,40	130,40
5	31.12.20..	Abschluss des Kontos Kasse	SBK an Kasse	10,30	10,30
6	31.12.20..	Abschluss des Kontos Bank	SBK an Bank	650,00	650,00
7	31.12.20..	Abschluss des Kontos Eigenkapital	Eigenkapital an SBK	2.836,60	2.836,60
8	31.12.20..	Abschluss des Kontos Darlehensschulden	Darlehensschulden an SBK	950,00	950,00
9	31.12.20..	Abschluss des Kontos Verbindlichkeiten a. LL	Verbindlichkeiten a. LL an SBK	277,50	277,50

Übungsblock 9:
Das Eröffnungsbilanzkonto – ein Hilfskonto!

Ratlosigkeit im Schülerkiosk!

Gerade erst hat sich die Kioskbuchhaltung an den Grundsatz gewöhnt, nach dem jeder Soll-Buchung auch in gleicher Höhe eine Haben-Buchung entspricht, da glaubt Ralf einen grundlegenden Fehler entdeckt zu haben.

Zu Recht möchte er auch bei der Eröffnung der Bestandskonten nach der Buchungsregel „Soll an Haben" vorgehen. Dann aber, so Ralf, fehlt für die aktiven Bestandskonten, die ihre Anfangsbestände auf der Sollseite aufnehmen, jeweils die Gegenbuchung.

Ganz offensichtlich benötigt unsere Kiosk-Buchhaltung Hilfe: Hilfe durch Einrichten eines Hilfskontos. Denn genau genommen hat die Kioskbuchhaltung die Anfangsbestände bisher nur einseitig eingetragen und nicht gebucht.

Retten Sie die Buchungsregel „Soll an Haben"!

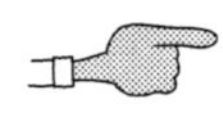

Der Sammelbeleg für die Eröffnung aller Bestandskonten ist die Eröffnungsbilanz bzw. die Schlussbilanz des vergangenen Jahres!

43. Arbeitsauftrag:

- Prüfen Sie die nachfolgende **Eröffnungsbilanz** und errechnen Sie die **Bilanzsumme**!
- Richten Sie zur Eröffnungsbilanz ein entsprechendes **Hilfskonto** ein!
- Formulieren Sie die **Eröffnungsbuchungen** für alle Bestandskonten **im Grundbuch**!

Aktiva **Eröffnungsbilanz Schülerkiosk** Passiva

Aktiva		Passiva	
I. Anlagevermögen		**I. Eigenkapital**	
1. Gebäude	2.800,00	1. Eigenkapital	2.836,60
2. Geschäftsausstattung	367,00	**II. Fremdkapital**	
II. Umlaufvermögen		1. Darlehensschulden	1.000,00
1. Waren	151,00	2. Verbindlichkeiten a. LL	185,00
2. Forderungen a. LL	128,60		
3. Kasse	95,00		
4. Bank	480,00		
	4.021,60		*4.021,60*

Soll	Eröffnungsbilanzkonto		Haben
Eigenkapital	2.836,60	Gebäude	2.800,00
Darlehensschulden	1.000,00	Geschäftsausstattung	367,00
Verbindlichkeiten a. LL	185,00	Waren	151,00
		Forderungen a. LL	128,60
		Kasse	95,00
		Bank	480,00
	4.021,60		4.021,60

Grundbuch			Schülerkiosk „Café Krümel"		
				Seite	1
Lfd. Nr.	Buchungs-datum	Geschäftsvorfall	Buchungstext	Soll €	Haben €
		Eröffnungs-buchungen			
1	01.01.20..	**Eröffnung** des Kontos Gebäude	Gebäude **an** EBK	2.800,00	2.800,00
2	01.01.20..	Eröffnung Konto Geschäftsausstattung	Geschäftsausstattung an EBK	367,00	367,00
3	01.01.20..	Eröffnung Konto Waren	Waren an EBK	151,00	151,00
4	01.01.20..	Eröffnung Konto Forderungen a.LL	Forderungen a. LL an EBK	128,60	128,60
5	01.01.20..	Eröffnung Konto Kasse	Kasse an EBK	95,00	95,00
6	01.01.20..	Eröffnung Konto Bank	Bank an EBK	480,00	480,00
7	01.01.20..	Eröffnung Konto Eigenkapital	EBK an Eigenkapital	2.836,60	2.836,60
8	01.01.20..	Eröffnung Konto Darlehensschulden	EBK an Darlehensschulden	1.000,00	1.000,00
9	01.01.20..	Eröffnung Konto Verbindlichkeiten a. LL	EBK an Verbindlichkeiten a. LL	185,00	185,00

Übungsblock 10:
Zwischenprüfung bei Lehrer Klamm!

1. Erstellen Sie die **Eröffnungsbilanz** (= Schlussbilanz des Vorjahres)!
2. Bilden Sie die Buchungssätze für die Eröffnung der Konten unter Berücksichtigung des Eröffnungsbilanzkontos und tragen Sie diese im Grundbuch ein!
3. Bilden Sie die Buchungssätze der angegebenen Geschäftsfälle und tragen Sie diese im Grundbuch ein!
4. Bearbeiten Sie das **Hauptbuch**, indem Sie die Konten benennen und die Eröffnungsbuchungen sowie die laufenden Geschäftsfälle laut Grundbuch buchen!
5. Schließen Sie die Konten des Hauptbuches über das **Schlussbilanzkonto (SBK)** ab und tragen Sie die Abschlussbuchungen im Grundbuch ein!
6. Stellen Sie die **Schlussbilanz** auf!
   (Die Schlussbestände stimmen mit den Inventurwerten überein!)

44. Arbeitsauftrag:

Also gut, nur **6 Schritte** von der **Eröffnungs-** zur **Schlussbilanz**!

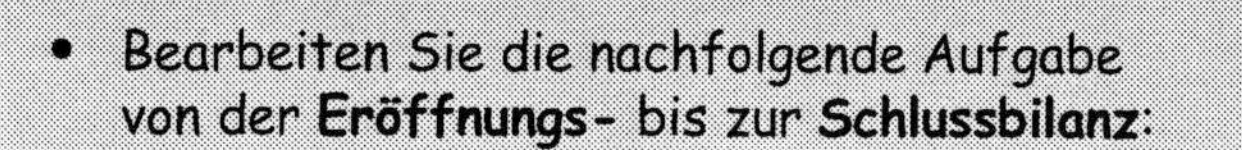

- Bearbeiten Sie die nachfolgende Aufgabe von der **Eröffnungs-** bis zur **Schlussbilanz**:

Anfangsbestände:

Gebäude	2.800,00 €	Fuhrpark	500,00 €
Geschäftsausstattung	750,00 €	Forderungen a. LL	250,00 €
Bank	470,00 €	Kasse	120,00 €
Eigenkapital	2.950,00 €	Verbindlichkeiten a. LL	220,00 €
Darlehensschulden	2.000,00 €	Waren	280,00 €

Geschäftsfall 1	€
ER: Zielkauf eines neuen Büroschranks	249,00

Geschäftsfall 2	€
KB: Bareinzahlung auf das Bankkonto	37,00

Geschäftsfall 3	€
BA: Kunde bezahlt fällige Rechnung durch Banküberweisung	48,00

Geschäftsfall 4	€
KB: Barverkauf eines gebrauchten Büroregals	25,00

Geschäftsfall 5	€
BA: Banküberweisung der Tilgungsrate für ein Darlehen	100,00

Schritt 1:

Aktiva	Eröffnungsbilanz		Passiva
I. Anlagevermögen		I. Eigenkapital	
1. Gebäude	2.800,00	1. Eigenkapital	2.950,00
2. Fuhrpark	500,00	II. Verbindlichkeiten	
3. Geschäftsausstattung	750,00	1. Darlehensschulden	2.000,00
II. Umlaufvermögen		2. Verbindlichkeiten a. LL	220,00
1. Waren	280,00		
2. Forderungen a. LL	250,00		
3. Kasse	120,00		
4. Bank	470,00		
	5.170,00		5.170,00

Schritt 2:

Ok, die Eröffnungsbuchungen im Grundbuch dürfen Sie **zusammenfassen**!

Grundbuch			„Zwischenprüfung!"		
				Seite	1
Lfd. Nr.	Buchungs-datum	Geschäftsvorfall	Buchungstext	Soll €	Haben €
		Eröffnungs-buchungen			
1	01.01.20..	**Eröffnung** aller aktiven Bestandskonten	aktive Bestandskonten an EBK	5.170,00	 5.170,00
2	01.01.20..	Eröffnung aller passiven Bestandskonten	EBK an passive Bestandskonten	5.170,00	 5.170,00

Schritt 3:

		Laufende Geschäftsfälle			
3		ER von einem Lieferer	Geschäftsausstattung an Verbindlichkeiten a. LL	249,00	 249,00
4		KB von der Bank	Bank an Kasse	37,00	 37,00
5		BA über bezahlte AR	Bank an Forderungen a. LL	48,00	 48,00
6		KB für einen Kunden	Kasse an Geschäftsausstattung	25,00	 25,00
7		BA von der Bank	Darlehensschulden an Bank	100,00	 100,00

Schritt 4:

Hauptbuch	„Zwischenprüfung!"

Eröffnungsbilanzkonto

S			H
Eigenkapital	2.950,00	Gebäude	2.800,00
Darlehenssch.	2.000,00	Fuhrpark	500,00
Verb. a. LL	220,00	Geschäftsausst.	750,00
		Waren	280,00
		Ford. a. LL	250,00
		Kasse	120,00
		Bank	470,00
	5.170,00		5.170,00

Gebäude

Soll			Haben
EBK	2.800,00	SBK	2.800,00

Fuhrpark

Soll			Haben
EBK	500,00	SBK	500,00

Geschäftsausstattung

Soll			Haben
EBK	750,00	6) Kasse	25,00
3) Verb. a. LL	249,00	SBK	974,00
	999,00		999,00

Waren

Soll			Haben
EBK	280,00	SBK	280,00

Forderungen a. LL

Soll			Haben
EBK	250,00	5) Bank	48,00
		SBK	202,00
	250,00		250,00

Kasse

Soll			Haben
EBK	120,00	4) Bank	37,00
6) Geschäftsa.	25,00	SBK	108,00
	145,00		145,00

Bank

Soll			Haben
EBK	470,00	7) Darlehens.	100,00
4) Kasse	37,00	SBK	455,00
5) Ford. a. LL	48,00		
	555,00		555,00

Darlehensschulden

Soll			Haben
7) Bank	100,00	EBK	2.000,00
SBK	1.900,00		
	2.000,00		2.000,00

Verbindlichkeiten a. LL

Soll			Haben
SBK	469,00	EBK	220,00
		1) Geschäftsa.	249,00
	469,00		469,00

Eigenkapital

Soll			Haben
SBK	2.950,00	EBK	2.950,00

Schritt 5:

Soll	Schlussbilanzkonto		Haben
Gebäude	2.800,00	Eigenkapital	2.950,00
Fuhrpark	500,00	Darlehensschulden	1.900,00
Geschäftsausstattung	974,00	Verbindlichkeiten a. LL	469,00
Waren	280,00		
Forderungen a. LL	202,00		
Kasse	108,00		
Bank	455,00		
	5.319,00		5.319,00

Grundbuch			„Zwischenprüfung!"		
				Seite	2
Lfd. Nr.	Buchungs-datum	Geschäftsvorfall	Buchungstext	Soll €	Haben €
		Abschluss-buchungen			
1	31.12.20..	Abschluss aller aktiven Bestandskonten	SBK an aktive Bestandskonten	5.319,00	 5.319,00
2	31.12.20..	Abschluss aller passiven Bestandskonten	passive Bestandskonten an SBK	5.319,00	 5.319,00

Schritt 6:

Aktiva	Schlussbilanz		Passiva
I. Anlagevermögen		I. Eigenkapital	
1. Gebäude	2.800,00	1. Eigenkapital	2.950,00
2. Fuhrpark	500,00	II. Verbindlichkeiten	
3. Geschäftsausstattung	974,00	1. Darlehensschulden	1.900,00
II. Umlaufvermögen		2. Verbindlichkeiten a. LL	469,00
1. Waren	280,00		
2. Forderungen a. LL	202,00		
3. Kasse	108,00		
4. Bank	455,00		
	5.319,00		5.319,00

Wie Ralf, du musst jetzt weg???

45. Arbeitsauftrag:

- Markieren Sie in der nachfolgenden Tabelle, ob die Aussage **richtig** oder **falsch** ist!

Aussagen	richtig	falsch
1. Aktivkonten (Vermögenskonten) und Passivkonten (Verbindlichkeiten einschließlich Eigenkapital) bilden die Gruppe der Bestandskonten!		
2. Bei jedem Geschäftsfall entspricht der gebuchte Betrag auf der Soll-Seite dem gebuchten Betrag auf der Haben-Seite. Dieses Prinzip wird als doppelte Buchführung bezeichnet, weil es doppelte Arbeit macht!		
3. Ein Buchungssatz ist eine Buchungsanweisung, die angibt • auf welchen Konten zu buchen ist, • auf welcher Kontenseite jeweils gebucht wird!		
4. Leicht zu lösende Buchungssätze werden auch als einfache Buchungssätze bezeichnet!		
5. Im Grundbuch werden alle Geschäftsfälle lückenlos in zeitlicher Abfolge erfasst!		
6. Wie der Name schon sagt, ist das „Hauptbuch" wichtiger als das Grundbuch, denn hierin arbeitet die Buchhaltung hauptsächlich!		
7. Bestandskonten werden über das Schlussbilanzkonto abgeschlossen. Die Endbestände der Vermögenswerte erscheinen hier auf der Haben-Seite und die Kapitalwerte (Verbindlichkeiten und Eigenkapital) auf der Soll-Seite!		
8. Das Eröffnungsbilanzkonto ist ein Hilfskonto. Es spiegelt die Eröffnungsbilanz und sichert damit den Buchungsgrundsatz „Soll an Haben"!		
9. Die Ursache jeder Buchung wird durch die Angabe der Belegnummer und des Gegenkontos verdeutlicht!		
10. Beim Abschluss der Bestandskonten steht der Saldo immer auf der wertmäßig größeren Seite!		

36

Ein **Konto** (ital. conto = Rechnung) ist

➜ eine **zweiseitige Rechnung**, z. B. in T-Form, um Geschäftsfälle getrennt und übersichtlich bearbeiten zu können.

Das Eintragen von Werteveränderungen auf einem Konto nennt man das

➜ Führen eines Kontos bzw. **buchen**.

37

Um eine genaue Übersicht über Art, Ursache und Höhe der einzelnen Bilanzposten zu erhalten, wird für jeden Posten ein eigenes Konto eingerichtet. Den Seiten der Bilanz entsprechend unterscheidet man dabei **Aktiv-** und **Passivkonten**.
Da für jedes dieser Konten die **Anfangsbestände** aus der Bilanz übernommen werden, heißen sie

➜ **Bestandskonten**.

Die Seiten der Konten tragen links die Bezeichnung **„Soll"** und rechts **„Haben"**.

38

➜ Sie werden durch Auflösen der Aktiv- oder Vermögensseite der Bilanz gebildet.

➜ Der Anfangsbestand wird auf der Soll-Seite eingetragen, weil er in der Bilanz auch auf der linken Seite steht.

➜ **Mehrungen** werden im **Soll** unter dem Anfangsbestand gebucht; **Minderungen** werden im **Haben** eingetragen.

S Aktivkonto	H
Anfangsbestand **Mehrungen +**	**Minderungen –**

39

➜ Sie werden durch Auflösen der Passiv- oder Kapitalseite der Bilanz gebildet.

➜ Der Anfangsbestand wird auf der Haben-Seite eingetragen, weil er in der Bilanz auch auf der rechten Seite steht.

➜ **Mehrungen** werden im **Haben** unter dem Anfangsbestand gebucht; **Minderungen** werden im **Soll** eingetragen.

S Passivkonto	H
Minderungen –	Anfangsbestand **Mehrungen +**

40

- ➜ Er ist eine **kurze Anweisung**, wie ein Geschäftsfall zu buchen ist.
- ➜ Er nennt alle Konten, die durch den Geschäftsfall berührt werden.
- ➜ Er ruft **zuerst** die Konten für die **Soll-**, **dann** die Konten für die **Haben-**Buchung an:

Soll an Haben

- ➜ **Einfacher** Buchungssatz → 2 Konten
- ➜ **Zusammengesetzter** Buchungssatz → mindestens 3 Konten

41

Grundlage aller Buchungen sind die **Belege**, denn nur mit Belegen kann die Ordnungsmäßigkeit der Buchführung nachgewiesen werden.
Daher gilt der Grundsatz:

Keine Buchung ohne Beleg!

Belege geben Auskunft über Zeitpunkt, Art, Ursache und Höhe von Wertveränderungen.

Belege sind z. B.:
AR = Ausgangsrechnung
ER = Eingangsrechnung
BA = Bankauszug
KB = Kassenbeleg/Quittung

42

Im **Journal** werden alle Geschäftsfälle nach dem **Zeitpunkt ihrer Entstehung**, also in zeitlicher Reihenfolge in Form von Buchungssätzen (chronologisch) eingetragen.
Da alle Geschäftsfälle lückenlos und fortlaufend erfasst werden, bildet es die Grundlage

- ➜ für Prüfungen z. B. durch das Finanzamt und
- ➜ für die Buchungen im Hauptbuch.

Nr.	Datum	Beleg	Buchungstext	Soll	Haben

43

Einen Überblick über Veränderungen einzelner Vermögens- und Kapitalposten erhält man durch die Buchungen im **Hauptbuch**. Hier werden alle Geschäftsfälle nach **sachlichen Aspekten** auf **Konten** (unter Angabe ihrer jeweiligen Gegenkonten) gebucht.

S	**Bank**	H
AB		

S	**Waren**	H
AB		

S	**Kasse**	H
AB		

S	**Verb. a. LL**	H
		AB

44

Was bedeutet denn EBK?
EBK? Das ist doch eine Abkürzung für ... ähm???
BUCH-HALTUNG

Das **Eröffnungsbilanz-Konto** ist ein **Hilfskonto**, um die Anfangsbestände aller Bestandskonten **systemgerecht** nach dem Grundsatz

Soll an Haben

buchen zu können.

Die **Eröffnungsbuchungen** lauten:

alle **Aktivkonten** an **EBK**
EBK an alle **Passivkonten**

45

Schon mal was von SBK gehört?
Umpfff!
Klar – ich!

Am Ende eines Geschäftsjahres werden die Konten abgeschlossen, indem die **Endbestände** (= Salden) ermittelt werden. Die jeweilige Gegenbuchung für diese Salden erfolgt auf dem **Schlussbilanz-Konto**:
ein **Hilfskonto** zur Sammlung aller Endbestände der Bestandskonten.

Die **Abschlussbuchungen** lauten:

SBK an alle **Aktivkonten**
alle **Passivkonten** an **SBK**

46

Welche Beispiele für Aktivkonten kennst du?

- Grundstücke und Gebäude
- Geschäftsausstattung
- Waren
- Forderungen a. LL
- Kasse
- Bank

47

Ähm, ... Beispiele für passive Bestandskonten???

- Eigenkapital
- Darlehensschulden (Langfristige Verbindlichkeiten)
- Verbindlichkeiten a. LL (Kurzfristige Verbindlichkeiten)

5. Kapitel: Buchen auf Erfolgskonten

Wie verändert sich wohl mein **Eigenkapital**?

Hausmeister Kruse ist sehr nachdenklich!

Hausmeister Kruse führt mit Birgit und Ralf, seiner Kiosk-Buchhaltung, ein nachdenkliches Gespräch: „Ständig kaufe ich für den Kiosk frische Waren ein, ich zahle die Strom- und Wasserrechnung, neulich habe ich sogar Werbezettel drucken und in der Schule verteilen lassen. Das kostet alles viel Geld! Na klar, in den Pausen verkaufe ich auch meine Waren – aber lohnt sich das eigentlich?"

Wie erfolgreich ist der Schülerkiosk überhaupt?

Und voller Selbstzweifel fügt er hinzu: „Schließlich habe ich den Kiosk auch mit viel **Eigenkapital** finanziert. Ständig fragt meine Frau, ob ich als Kioskbetreiber erfolgreich bin. Erziele ich **Gewinn**, oder mache ich am Ende nicht sogar **Verlust**? Wie verändert sich mein Eigenkapital eigentlich?"

Übungsblock 1: Aufwendungen und Erträge verändern das Eigenkapital!

Hausmeister Kruse fragt zu Recht, wie sich sein Eigenkapital verändert! Der Erfolg des Kiosks wird an der **Entwicklung des Eigenkapitals** gemessen. Dabei ist auch Hausmeister Kruse klar, dass der **Erfolg** „zwei Gesichter" haben kann:

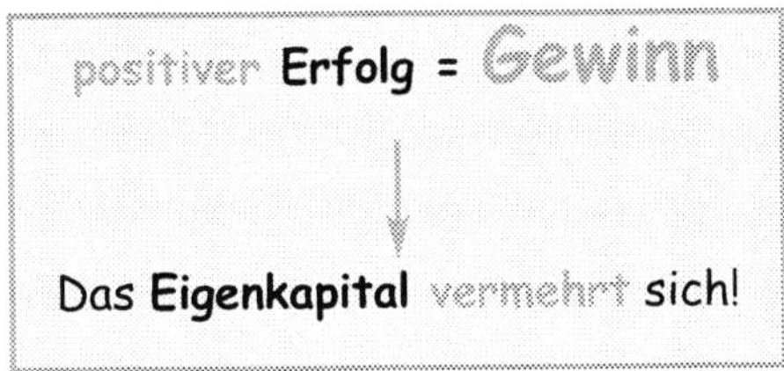
positiver **Erfolg** = Gewinn
Das **Eigenkapital** vermehrt sich!

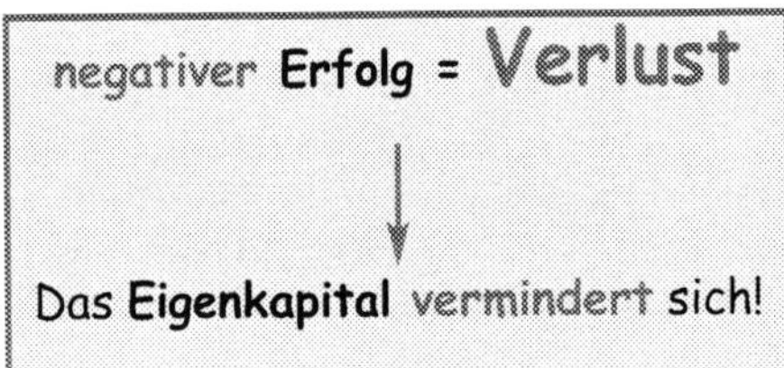
negativer **Erfolg** = Verlust
Das **Eigenkapital** vermindert sich!

Geschäftsfälle, die sich direkt auf das Eigenkapital des Kiosks auswirken, heißen **erfolgswirksame Geschäftsfälle**. Sie verändern den Bestand auf dem Eigenkapitalkonto.

46. Arbeitsauftrag:

- Tragen Sie zu jedem Fall ein, ob es sich um einen Aufwand oder Ertrag handelt!

Nr.	Geschäftsfälle	Aufwand oder Ertrag
1	**ER:** Eine Druckerei erstellt für den Kiosk Werbezettel im Wert von 35,00 €.	Aufwand
2	**BA:** Die Bank schreibt dem Kiosk 15,00 € Zinsen gut.	Ertrag
3	**ER:** Eine Elektrofachwerkstatt repariert den Kühlschrank des Kiosks für 45,00 €.	Aufwand
4	**KB:** Für den Kiosk kauft Herr Kruse im Großmarkt „Powerriegel" im Wert von 15,00 €.	Aufwand
5	**AR:** Der Kiosk beliefert das Lehrerkollegium mit einem Buffet im Wert von 145,00 €.	Ertrag
6	**KB:** Samstags hilft der Sohn des Herrn Kruse im Kiosk und wird dafür mit 15,00 € entlohnt.	Aufwand
7	**ER:** Der Kiosk erhält von den Stadtwerken die Rechnung für Strom und Wasser über 25,00 €.	Aufwand
8	**ER:** Herr Kruse kauft in einer Papierhandlung den Kiosk-Stempel „Café Krümel" für 5,00 €.	Aufwand
9	**KB:** Es werden 20 belegte Brötchen für 24,00 € verkauft.	Ertrag
10	**ER:** Der Schülerkiosk erhält die Telefonrechnung in Höhe von 12,00 €.	Aufwand

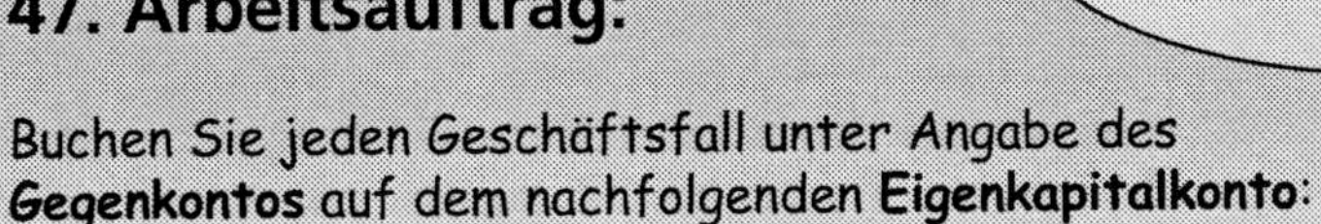

47. Arbeitsauftrag:

Buchen Sie jeden Geschäftsfall unter Angabe des **Gegenkontos** auf dem nachfolgenden **Eigenkapitalkonto**:

- auf der **Soll-Seite**, wenn sich das Eigenkapital durch den beschriebenen Geschäftsfall **vermindert** ➜ Aufwand
- auf der **Haben-Seite**, wenn sich das Eigenkapital durch den beschriebenen Geschäftsfall **vermehrt** ➜ Ertrag.

Soll | **Eigenkapital** | **Haben**

Soll:

Aufwendungen
vermindern das Eigenkapital

Verbindlichkeiten	35,00
Verbindlichkeiten	*45,00*
Kasse	*15,00*
Kasse	*15,00*
Verbindlichkeiten	*25,00*
Verbindlichkeiten	*5,00*
Verbindlichkeiten	*12,00*
	152,00

Haben:

Anfangsbestand

Erträge
vermehren das Eigenkapital

Bank	*15,00*
Forderungen a. LL	*145,00*
Kasse	*24,00*
	184,00

48. Arbeitsauftrag:

Ermitteln Sie den **Erfolg** des Kiosks!

- Tragen Sie die Summe der Aufwendungen und Erträge in die nachfolgende, angemessene Übersicht zur Erfolgsermittlung ein!
- Entscheiden Sie, ob ein Gewinn oder Verlust vorliegt!

Erträge > Aufwendungen ➜ **Gewinn**

184,00 € > *152,00* € ➜ *32,00* €

oder

Erträge < **Aufwendungen** ➜ **Verlust**

€ < € ➜ €

Übungsblock 2:
Erfolgskonten benennen und einrichten!

49. Arbeitsauftrag:

Bestimmte Aufwendungen und Erträge wiederholen sich.
Daher ist es sinnvoll, für diese Aufwands- und Ertragsarten **eindeutige Bezeichnungen** zu finden.

- Finden Sie in dem nachfolgenden Rätsel heraus, um welche Art des Aufwandes oder Ertrages es sich bei den jeweiligen Geschäftsfällen handelt!

  Hinweis: Setzen Sie: ä = **ae** / ö = **oe** / ü = **ue**

Waagerecht	Geschäftsfälle	€
2	**ER:** Der Sanitärbetrieb Bruno Klemme repariert im Kiosk einen tropfenden Wasserhahn.	35,00
3	**KB:** Birgit kauft Briefmarken für den Kiosk.	10,00
4	**ER:** Die Bäckerei Croissant liefert Vollkorn-Brötchen.	45,00
5	**BA:** Die Bimbes-Bank „belohnt" das Guthaben auf dem Konto des Kiosks.	12,00
6	**ER:** Kruse zahlt den Beitrag zur Absicherung gegen Feuer- und Wasserschäden.	15,00
9	**ER:** Die Druckerei liefert die bestellten Plakate „Englisches Frühstück im Café Krümel".	25,00
11	**KB:** Ralf kauft das Schreibpapier für die Kiosk-Buchhaltung.	6,00
Senkrecht		
1	**AR:** Der Kiosk liefert ein Buffet „10 Jahre Berufskolleg".	175,00
7	**ER:** Hausmeister Kruse zahlt den Abschlag für Strom und Wasser.	22,00
8	**KB:** „Cafè Krümel" stiftet den Pokal für das jährliche Fußballturnier „Lehrer gegen Schüler".	28,00
10	**KB:** Hausmeister Kruses Sohn hilft samstags im Kiosk aus.	12,00

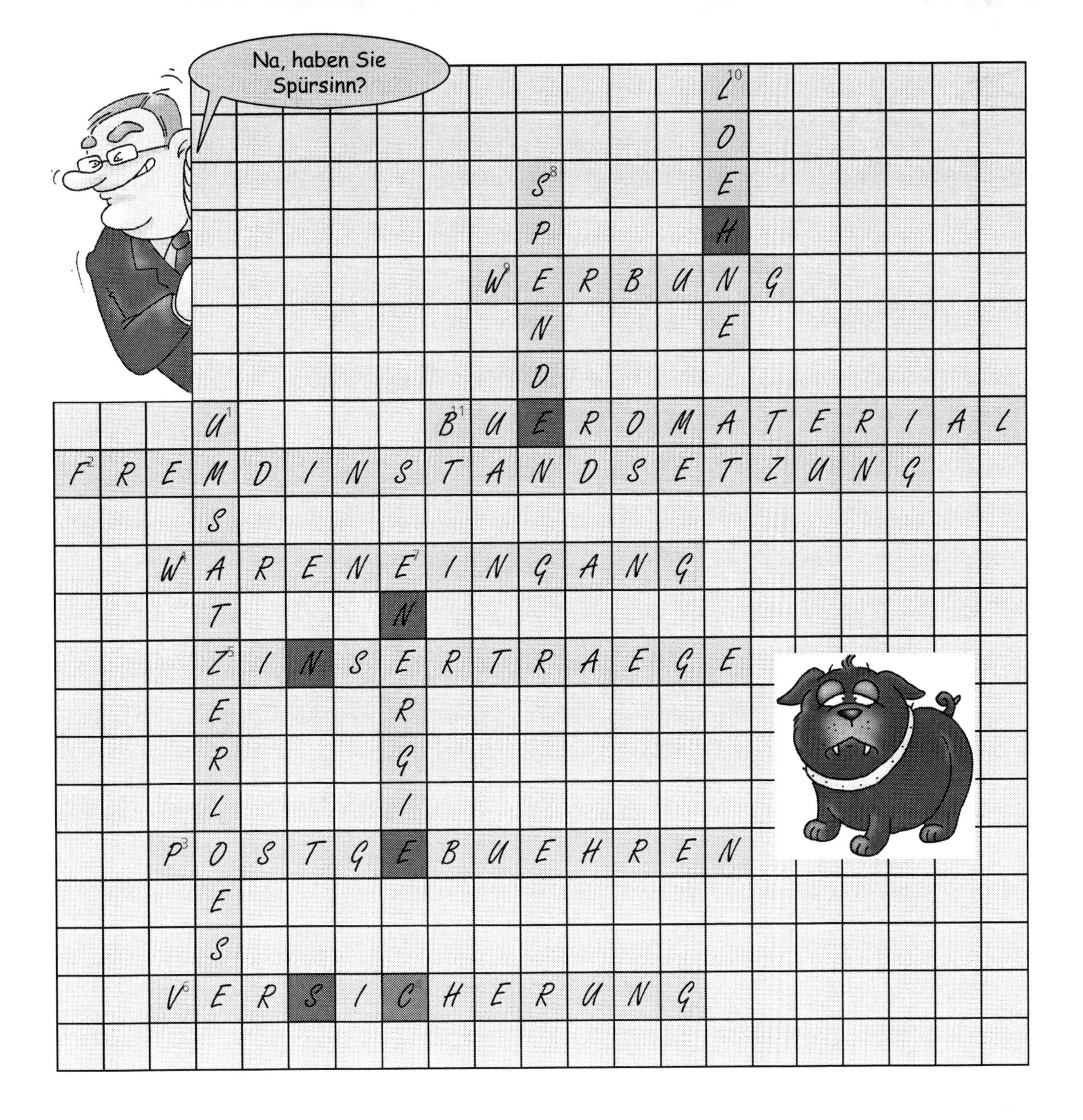

Lesen Sie die roten Kästchen von oben nach unten und Sie wissen, wie der **Hund** von **Hausmeister Kruse** heißt!

H	E	N	N	E	S

Mittlerweile haben Sie erkannt, dass Aufwendungen und Erträge das **Eigenkapital verändern**. Im 47. Arbeitsauftrag haben Sie die Aufwendungen und Erträge direkt auf dem **Eigenkapitalkonto** festgehalten.

Diese Vorgehensweise hat jedoch einen großen **Nachteil**:

Das Eigenkapitalkonto wird völlig **unübersichtlich**. Was den Erfolg des Kiosks „Café Krümel" in besonderer Weise beeinflusst, wird Ralf, unserem Kioskbuchhalter, erst nach einer zeitraubenden Prüfung des Eigenkapitalkontos deutlich.

Aus diesem Grund sollte Ralf für die unterschiedlichen Arten von Aufwendungen und Erträgen eigene Konten, die **Erfolgskonten**, einrichten. Was den Erfolg des Kiosks im Einzelnen beeinflusst, kann Ralf dort jederzeit mit einem Blick erkennen.

Halten wir also fest:

 Die **Erfolgskonten** sind **Unterkonten** des **Eigenkapitals**!

50. Arbeitsauftrag:

Nachfolgend finden Sie einige **erfolgswirksame Geschäftsfälle** aus dem Kioskleben. Richten Sie entsprechende **Erfolgskonten** als Unterkonten des Eigenkapitals ein:

- auf der linken Seite des Eigenkapitals als Aufwandskonto zur Aufnahme der Eigenkapitalminderung
- auf der rechten Seite des Eigenkapitals als Ertragskonto zur Aufnahme der Eigenkapitalmehrung!

1. Werbezettel für den Kiosk
2. Verkauf von Waren
3. Zahlung des Versicherungsbeitrags
4. Zinsgutschrift der Bank
5. Kühlschrankreparatur durch Fachbetrieb
6. Kauf von Büroklammern für den Kiosk
7. Bezahlung der Aushilfe im Kiosk
8. Einkauf von Waren
BUCH-HALTUNG

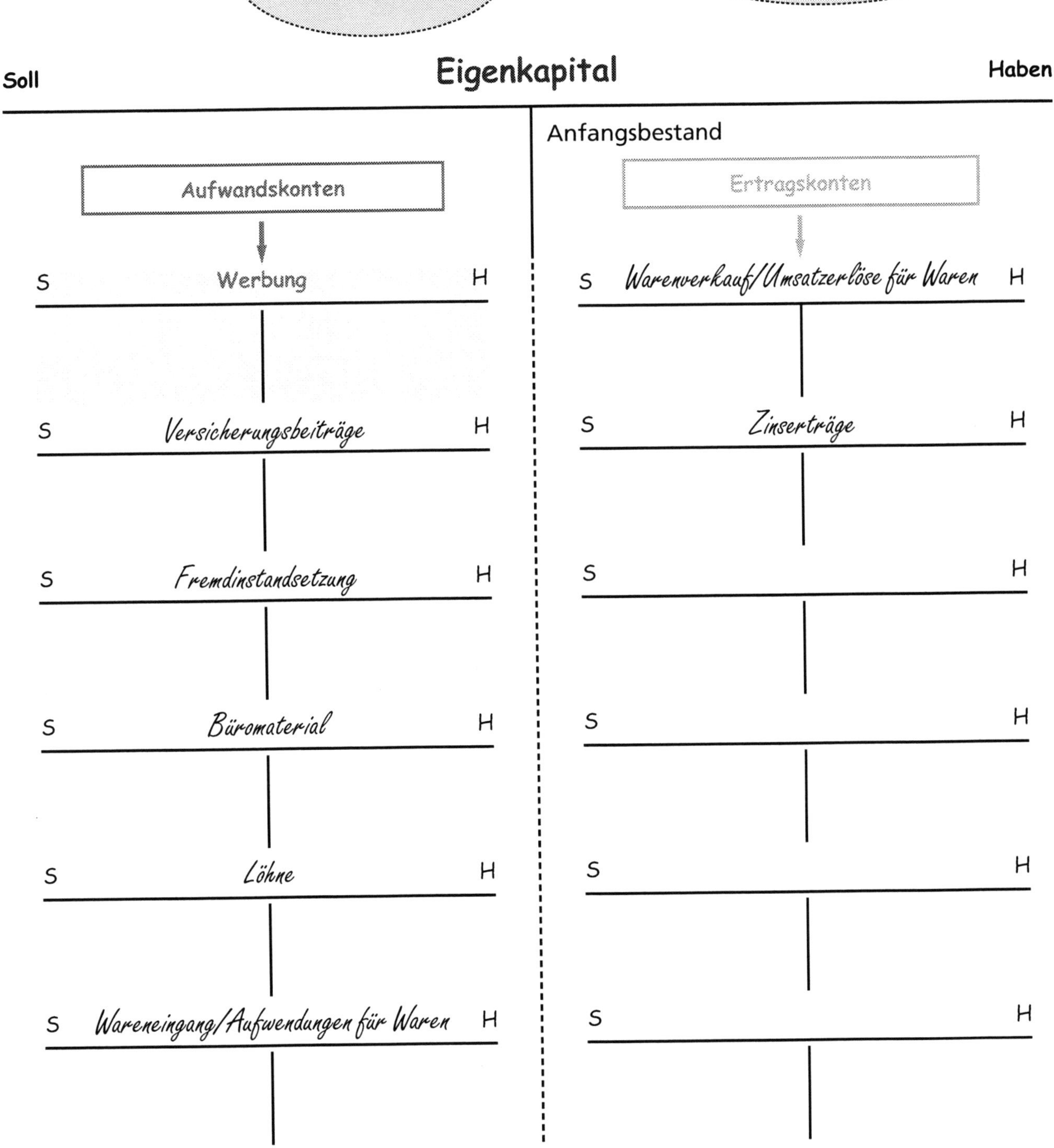

Soll
Eigenkapital
Haben
Anfangsbestand
Aufwandskonten
Ertragskonten
S Werbung H
S Versicherungsbeiträge H
S Fremdinstandsetzung H
S Büromaterial H
S Löhne H
S Wareneingang/Aufwendungen für Waren H
S Warenverkauf/Umsatzerlöse für Waren H
S Zinserträge H
S H
S H
S H
S H

Übungsblock 3:
Buchungssätze mit Erfolgskonten bilden!

Im letzten Arbeitsschritt haben Sie Erfolgskonten als Unterkonten des **Eigenkapitals** eingerichtet. Nun können Sie die Geschäftsfälle des Kiosks direkt auf den **Aufwands**- und **Ertrags**konten buchen.

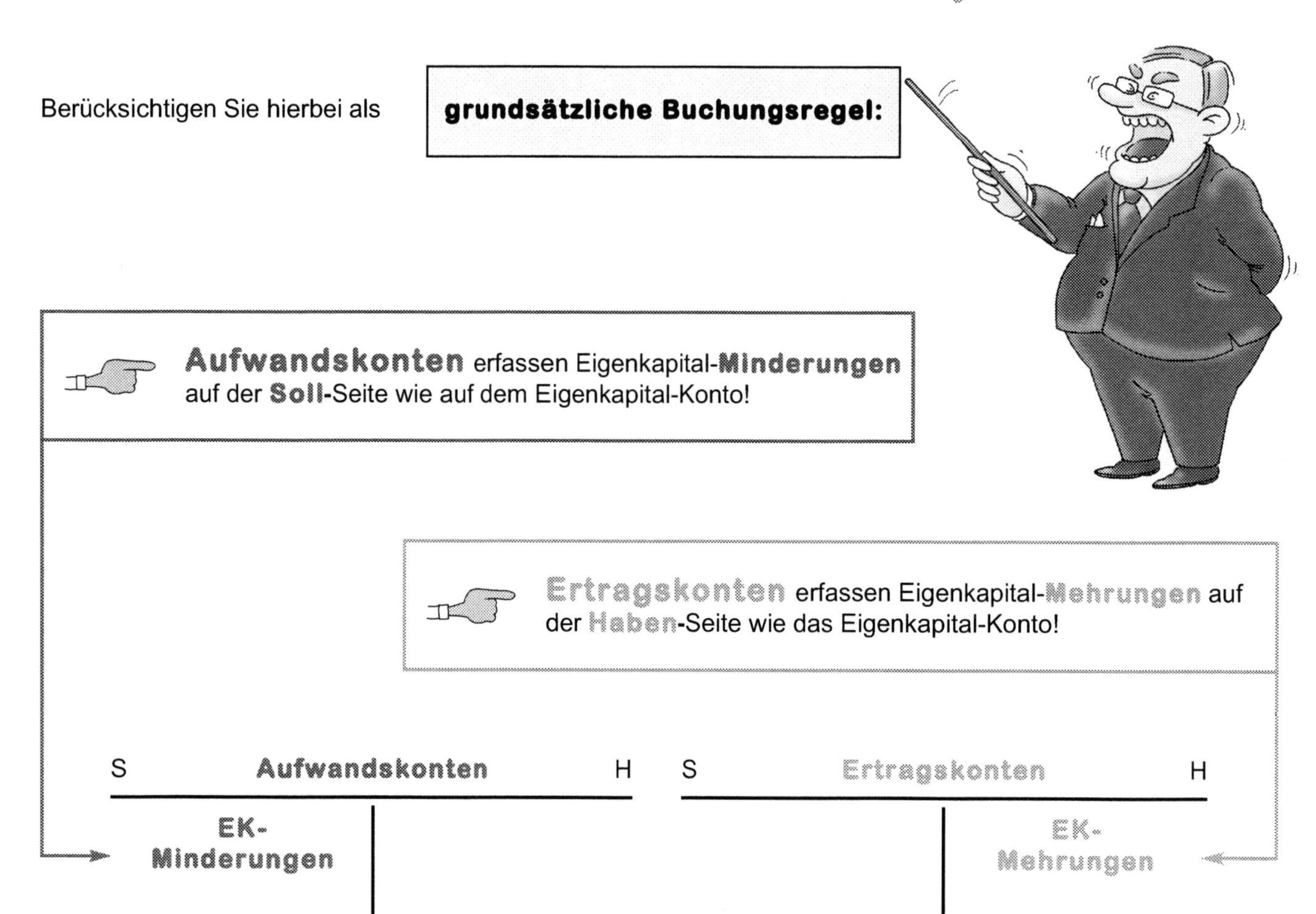

Berücksichtigen Sie hierbei als
grundsätzliche Buchungsregel:
Aufwandskonten erfassen Eigenkapital-Minderungen auf der Soll-Seite wie auf dem Eigenkapital-Konto!
Ertragskonten erfassen Eigenkapital-Mehrungen auf der Haben-Seite wie das Eigenkapital-Konto!
S Aufwandskonten H
EK-Minderungen
S Ertragskonten H
EK-Mehrungen

Bevor Sie nun auf den Erfolgskonten buchen, müssen Sie jedoch wieder entsprechende **Buchungssätze bilden**.

51. Arbeitsauftrag:

- Schließen Sie die Lücken – buchen Sie den Geschäftsfall!

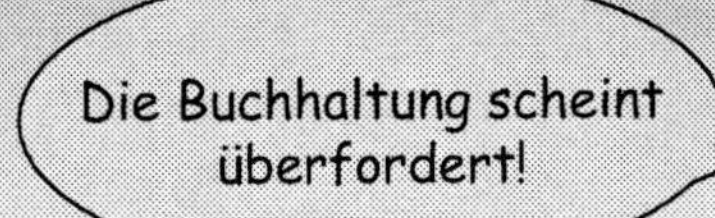

Die Buchhaltung scheint überfordert!

Geschäftsfall	€
ER: „Die Druckerei Block & Satz lieferte Werbezettel für den Kiosk."	35,00

Leitfrage 1	Leitfrage 2	Leitfrage 3	Leitfrage 4
Welche **Konten** werden von dem Geschäftsfall berührt?	Zu welcher **Kontenart** gehören die Konten?	Wie verändern sich die Kontenbestände: Eigenkapital-**Mehrung** oder Eigenkapital-**Minderung**?	Auf welcher **Kontenseite** wird gebucht?
Werbung	Aufwandskonto	Eigenkapital-Minderung	Soll
Verbindlichkeiten a. LL	passives Bestandskonto		Haben

Buchungssatz	Soll	Haben
Werbung	35,00	
an Verbindlichkeiten a. LL		35,00

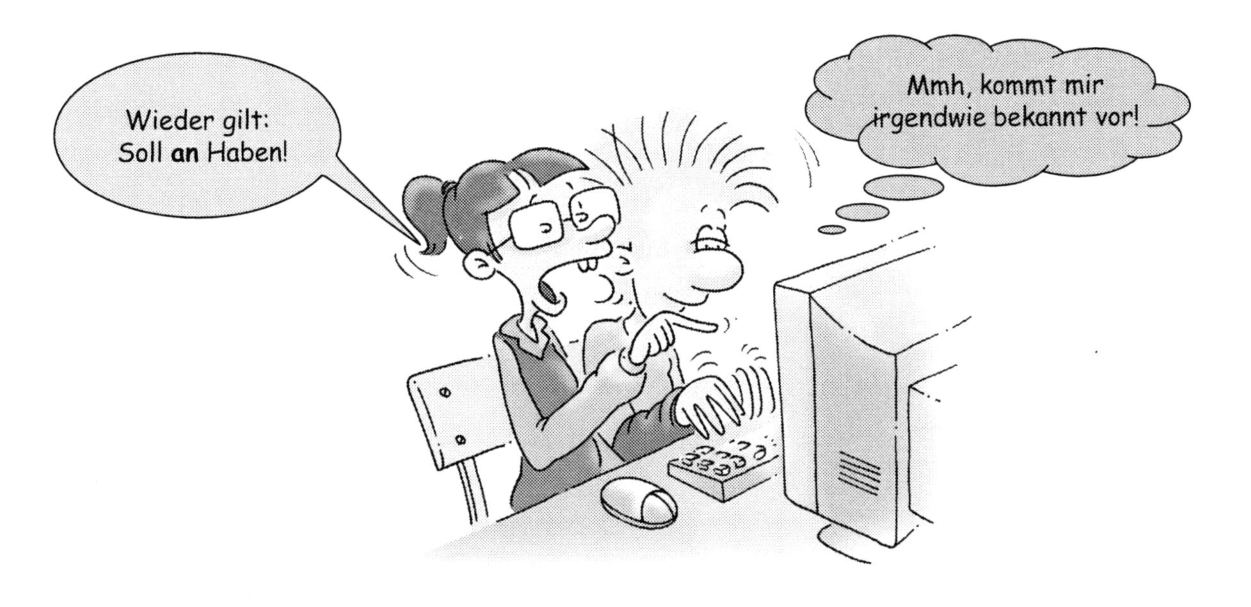

Wieder gilt: Soll **an** Haben!
Mmh, kommt mir irgendwie bekannt vor!

52. Arbeitsauftrag:

- Bearbeiten Sie die nachfolgenden Geschäftsfälle, indem Sie jeweils die **4 Leitfragen** beantworten!

Geschäftsfälle	€	Leitfrage 1 Welche **Konten** werden von dem Geschäftsfall berührt?	Leitfrage 2 Zu welcher **Kontenart** gehören die Konten?	Leitfrage 3 Wie verändern sich die Kontenbestände: Eigenkapital-**Mehrung** oder Eigenkapital-**Minderung**?	Leitfrage 4 Auf welcher **Kontenseite** wird gebucht?
Geschäftsfall 1 **ER**: „Der defekte Wasserhahn wird von einem Fachbetrieb repariert."	35,00	Fremdinstandsetzung	Aufwandskonto	EK-Minderung	Soll
		Verbindlichkeiten a. LL	passives Bestandskonto		Haben
Geschäftsfall 2 **KB**: „Wir kaufen Briefmarken für den Kiosk."	11,00	Postgebühren	Aufwandskonto	EK-Minderung	Soll
		Kasse	aktives Bestandskonto		Haben
Geschäftsfall 3 **ER**: „Wir kaufen Waren für den Kiosk und zahlen später."	45,00	Wareneingang/Aufw. f. Waren	Aufwandskonto	EK-Minderung	Soll
		Verbindlichkeiten a. LL	passives Bestandskonto		Haben

und weiter!

Geschäftsfall	€	Leitfrage 1 Welche **Konten** werden von dem Geschäftsfall berührt?	Leitfrage 2 Zu welcher **Kontenart** gehören die Konten?	Leitfrage 3 Wie verändern sich die Kontenbestände: Eigenkapital-**Mehrung** oder Eigenkapital-**Minderung**?	Leitfrage 4 Auf welcher **Kontenseite** wird gebucht?
Geschäftsfall 4 **BA:** „Wir erhalten eine Zinsgutschrift von der Bimbes-Bank."	12,00	Bank	aktives Bestanskonto		Soll
		Zinserträge	Ertragskonto	EK-Mehrung	Haben
Geschäftsfall 5 **ER:** „Wir erhalten die Stromrechnung der Stadtwerke."	30,00	Energie	Aufwandskonto	EK-Minderung	Soll
		Verbindlichkeiten a. LL	passives Bestandskonto		Haben
Geschäftsfall 6 **AR:** „Wir lieferten die Getränke für das Fussballturnier."	125,00	Forderungen a. LL	aktives Bestandskonto		Soll
		Warenverk./Umsatzerl. f. W.	Ertragskonto	EK-Mehrung	Haben
Geschäftsfall 7 **KB:** „Wir kaufen Farbpatronen für den Kioskdrucker."	36,00	Büromaterial	Aufwandskonto	EK-Minderung	Soll
		Kasse	aktives Bestandskonto		Haben

Na,
geht doch!

Geschäftsfall	€	Leitfrage 1	Leitfrage 2	Leitfrage 3	Leitfrage 4
		Welche **Konten** werden von dem Geschäftsfall berührt?	Zu welcher **Kontenart** gehören die Konten?	Wie verändern sich die Kontenbestände: Eigenkapital-**Mehrung** oder Eigenkapital-**Minderung**?	Auf welcher **Kontenseite** wird gebucht?
Geschäftsfall 8 **AR**: „Wir lieferten dem Grillstand der SV Würstchen für das Sommerfest."	325,00	Forderungen a. LL	aktives Bestandskonto		Soll
		Warenverk./Umsatzerl. f. W.	Ertragskonto	EK-Mehrung	Haben
Geschäftsfall 9 **BA**: „Wir zahlen die Telefonrechnung per Überweisung."	13,00	Telefon	Aufwandskonto	EK-Minderung	Soll
		Bank	aktives Bestandskonto		Haben
Geschäftsfall 10 **ER**: „Der Beitrag zur Feuerversicherung wird fällig."	18,00	Versicherungsbeiträge	Aufwandskonto	EK-Minderung	Soll
		Verbindlichkeiten a. LL	passives Bestandskonto		Haben
Geschäftsfall 11 **KB**: „Die Metzgerei Haxe lieferte uns Wurstwaren."	24,00	Wareneingang/Aufw. f. Waren	Aufwandskonto	EK-Minderung	Soll
		Kasse	aktives Bestandskonto		Haben

53. Arbeitsauftrag:

Nachdem Sie die 4 Leitfragen beantwortet haben

- buchen Sie die **Buchungssätze** aus dem 52. Arbeitsauftrag im **Grundbuch** (Journal)!

Grundbuch			Schülerkiosk „Café Krümel"		
				Seite	
Lfd. Nr.	Buchungsdatum	Geschäftsvorfall	Buchungstext	Soll €	Haben €
		Laufende Geschäftsfälle			
1		*Eingangsrechnung für Reparatur*	*Fremdinstandsetzung an Verbindlichkeiten a. LL*	*35,00*	*35,00*
2		*Kauf von Briefmarken gegen bar*	*Postgebühren an Kasse*	*11,00*	*11,00*
3		*Einkauf von Waren auf Ziel*	*Wareneingang/Aufwendungen für Waren an Verbindlichkeiten a. LL*	*45,00*	*45,00*
4		*Zinsgutschrift der Bank*	*Bank an Zinserträge*	*12,00*	*12,00*
5		*Stromrechnung der Stadtwerke*	*Energie an Verbindlichkeiten a. LL*	*30,00*	*30,00*
6		*Verkauf von Waren auf Ziel*	*Forderungen a. LL an Warenverkauf/Umsatzerlöse für Waren*	*125,00*	*125,00*
77		*Kauf von Druckerpatronen*	*Büromaterial an Kasse*	*36,00*	*36,00*
8		*Verkauf von Waren auf Ziel*	*Forderungen a. LL an Warenverkauf/Umsatzerlöse für Waren*	*325,00*	*325,00*
9		*Überweisung der Telefonrechnung*	*Telefon an Bank*	*13,00*	*13,00*
10		*Beitrag für die Feuerversicherung*	*Versicherungsbeiträge an Verbindlichkeiten a. LL*	*18,00*	*18,00*
11		*Einkauf von Waren gegen bar*	*Wareneingang/Aufwendungen für Waren an Kasse*	*24,00*	*24,00*

Übungsblock 4:
Auf Erfolgskonten buchen!

54. Arbeitsauftrag:

Ich frage mich, ob ich erfolgreich bin?

Nachdem Sie im vorangegangenen Grundbuch die Buchungssätze erfasst haben, können Sie die Geschäftsfälle nun auf den Konten im **Hauptbuch** buchen.

- Richten Sie für die Geschäftsfälle die erforderlichen **Erfolgskonten** ein.
  Tipp: Grundsätzlich wird jedes Konto nur einmal eröffnet, auch wenn es in mehreren Geschäftsfällen vorkommt!
- Buchen Sie unter Angabe der **Gegenkonten** alle Geschäftsfälle des Grundbuches!

Hauptbuch	Schülerkiosk „Café Krümel"

S — Eigenkapital — H

S		H	
		EBK	

Aufwandskonten | Ertragskonten

S — Fremdinstandsetzung — H

S		H	
1) Verbindl.	35,00	GuV	35,00

S — Zinserträge — H

S		H	
GuV	12,00	4) Bank	12,00

S — Postgebühren — H

S		H	
2) Kasse	11,00	GuV	11,00

S — Warenverkauf/Umsatzerlöse für Waren — H

S		H	
GuV	450,00	6) Ford.	125,00
		8) Ford.	325,00
	450,00		450,00

S — Wareneingang/Aufwendungen für Waren — H

S		H	
3) Verb.	45,00	GuV	69,00
11) Kasse	24,00		
	69,00		69,00

S — H

Hauptbuch	Schülerkiosk „Café Krümel"

S — Energie — H

S		H	
5) Verb.	30,00	GuV	30,00

S — Büromaterial — H

S		H	
7) Kasse	36,00	GuV	36,00

S — Telefon — H

S		H	
9) Bank	13,00	GuV	13,00

S — Versicherungsbeiträge — H

S		H	
10) Verb.	18,00	GuV	18,00

S — H

S — H

S — H

S — H

Und ..., wie sieht mein Erfolg jetzt aus???

Übungsblock 5:
Erfolgskonten abschließen und Erfolg ermitteln!

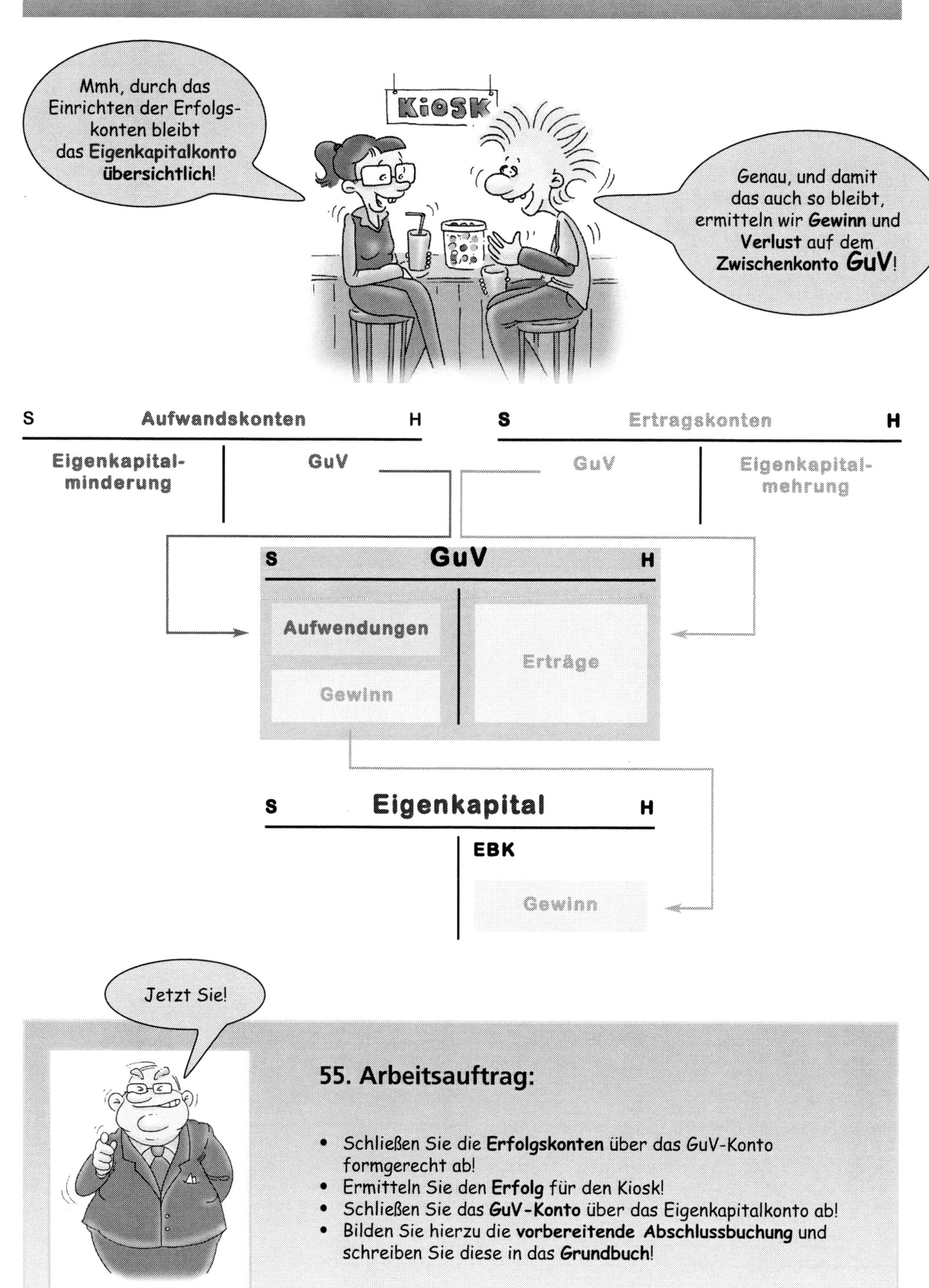
Mmh, durch das Einrichten der Erfolgskonten bleibt das Eigenkapitalkonto übersichtlich!
KIOSK
Genau, und damit das auch so bleibt, ermitteln wir Gewinn und Verlust auf dem Zwischenkonto GuV!
S Aufwandskonten H
Eigenkapital-minderung
GuV
S Ertragskonten H
GuV
Eigenkapital-mehrung
S GuV H
Aufwendungen
Gewinn
Erträge
S Eigenkapital H
EBK
Gewinn
Jetzt Sie!

55. Arbeitsauftrag:

- Schließen Sie die **Erfolgskonten** über das GuV-Konto formgerecht ab!
- Ermitteln Sie den **Erfolg** für den Kiosk!
- Schließen Sie das **GuV-Konto** über das Eigenkapitalkonto ab!
- Bilden Sie hierzu die **vorbereitende Abschlussbuchung** und schreiben Sie diese in das **Grundbuch**!

S	GuV		H
Fremdinstandsetzung	35,00	Zinserträge	12,00
Postgebühren	11,00	Warenverkauf/Umsatzerlöse für Waren	450,00
Wareneingang	69,00		
Energie	30,00		
Büromaterial	36,00		
Telefon	13,00		
Versicherungsbeiträge	18,00		
Eigenkapital	250,00		
	462,00		462,00

Erträge > Aufwendungen ➜ **Gewinn**

462,00 € > 212,00 € ➜ 250,00 €

oder

Erträge < **Aufwendungen** ➜ **Verlust**

€ < € ➜ €

S	Eigenkapital		H
		EBK	
		GuV	250,00

Grundbuch			Schülerkiosk „Café Krümel"		
				Seite	
Lfd. Nr.	Buchungs-datum	Geschäftsvorfall	Buchungstext	Soll €	Haben €
		vorbereitende Abschlussbuchung			
1		Abschluss des GuV-Kontos	GuV an Eigenkapital	250,00	 250,00

Übungsblock 6:
Zwischenprüfung bei Lehrer Klamm!

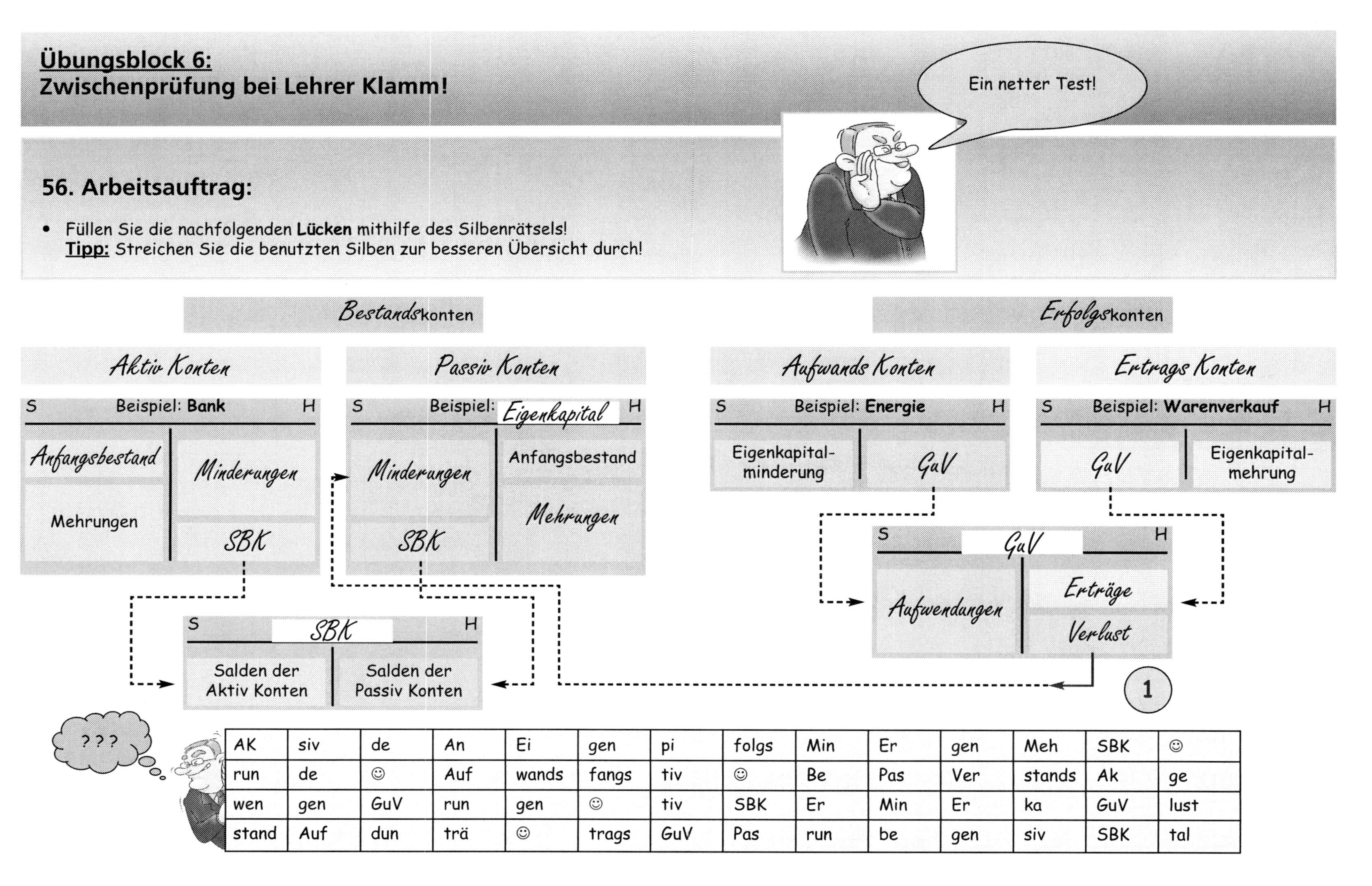

56. Arbeitsauftrag:

- Füllen Sie die nachfolgenden **Lücken** mithilfe des Silbenrätsels!
  Tipp: Streichen Sie die benutzten Silben zur besseren Übersicht durch!

AK	siv	de	An	Ei	gen	pi	folgs	Min	Er	gen	Meh	SBK	☺
run	de	☺	Auf	wands	fangs	tiv	☺	Be	Pas	Ver	stands	Ak	ge
wen	gen	GuV	run	gen	☺	tiv	SBK	Er	Min	Er	ka	GuV	lust
stand	Auf	dun	trä	☺	trags	GuV	Pas	run	be	gen	siv	SBK	tal

Ob das
wohl klappt?

57. Arbeitsauftrag:

- Nehmen Sie Bezug auf das vorherige Schaubild und bearbeiten Sie die nummerierten Arbeitsaufträge!

Der Auftrag!		Ihre Lösung!
1	Bilden Sie den Abschluss-Buchungssatz für alle Aufwandskonten!	GuV an Aufwandskonten
2	Bilden Sie den Abschluss-Buchungssatz für alle Ertragskonten!	Ertragskonten an GuV
3	Zeichnen Sie die Linie zum Abschluss des GuV-Kontos ein! Start bei: (1)	- - - - - - - - - - - - - - - - →
4	Bilden Sie den Abschlussbuchungssatz für das GuV-Konto!	Eigenkapital an GuV
5	Bilden Sie den Abschluss-Buchungssatz für alle aktiven Bestandskonten!	SBK an aktive Bestandskonten
6	Bilden Sie den Abschluss-Buchungssatz für alle passiven Bestandskonten!	passive Bestandskonten an SBK
7	Welches Erfolgs-Ergebnis liegt hier vor? A: ? oder B: ?	A: _ _ _ _ _ _ oder B: V E R L U S T

Niete!
Kein Buchstabe für
das Abschlussrätsel!

58. Arbeitsauftrag:

- Entscheiden Sie, ob die nachfolgenden Aussagen den **Bestands-** oder **Erfolgskonten** zuzuordnen sind!
  Tragen Sie die passenden Aussagen in die entsprechenden Spalten ein.

1. ... werden durch Auflösen der beiden Bilanzseiten gebildet. 6. ... beeinflussen den Erfolg der Unternehmung nicht. 3. ... Bank

2. ... werden unterteilt in Aufwands- und Ertragskonten. 4. ... haben keinen Anfangsbestand. 5. ... verändern das Eigenkapital.

4. ... haben einen Anfangsbestand. 5. ... verändern das Eigenkapital nicht. 2. ... werden unterteilt in Aktiv- und Passivkonten.

1. ... sind Unterkonten des Eigenkapitals. 6. ... bestimmen den Erfolg der Unternehmung. 3. Warenverkauf 3. Telefon

7. ... werden über das GuV-Konto abgeschlossen. 7. ... werden über das SBK abgeschlossen. 3. Eigenkapital 3. Büromaterial

Merkmale der **Bestandskonten**	Merkmale der **Erfolgskonten**
1. **Bestandskonten** *werden durch Auflösen der beiden Bilanzseiten gebildet.*	1. **Erfolgskonten** *sind Unterkonten des Eigenkapitals.*
2. **Bestandskonten** *werden unterteilt in Aktiv- und Passivkonten.*	2. **Erfolgskonten** *werden unterteilt in Aufwands- und Ertragskonten.*
3. Beispiele: *Bank, Eigenkapital*	3. Beispiele: *Telefon, Büromaterial, Warenverkauf*
4. **Bestandskonten** *haben einen Anfangsbestand.*	4. **Erfolgskonten** *haben keinen Anfangsbestand.*
5. **Bestandskonten** *verändern das Eigenkapital nicht.*	5. **Erfolgskonten** *verändern das Eigenkapital.*
6. **Bestandskonten** *beeinflussen den Erfolg der Unternehmung nicht.*	6. **Erfolgskonten** *bestimmen den Erfolg der Unternehmung.*
7. **Bestandskonten** *werden über das SBK abgeschlossen.*	7. **Erfolgskonten** *werden über das GuV-Konto abgeschlossen.*

48

Die **Erfolgskonten** sind

Unterkonten des Eigenkapitals.

Sie werden unterteilt in:

- Aufwandskonten und
- Ertragskonten

und zeigen somit die **Veränderungen** des **Eigenkapitals** an.

49

Sie geben Auskunft über den Werteverzehr, der durch den Einsatz von Produktionsfaktoren entsteht.

Aufwandsarten sind z. B.:

- Aufwendungen für Waren = Wareneinkauf
- Energie (Strom, Heizung, Benzin)
- Fremdinstandsetzung (Reparaturen)
- Löhne und Gehälter
- Büromaterial, Telefon, Werbung
- Versicherungsbeiträge usw.

50

Sie geben Auskunft über den Wertezuwachs, der durch erbrachte Leistungen der Unternehmung entsteht.

Ertragsarten sind z. B.:

- Umsatzerlöse für Waren = Warenverkauf
- Mieterträge
- Zinserträge
- Provisionserträge

51

Das Eigenkapitalkonto ist ein passives Bestandskonto, bei dem Minderungen immer im Soll gebucht werden.
Da Aufwandskonten Unterkonten des Eigenkapitals sind, gilt folgende

Buchungsregel:

→ Aufwendungen mindern das Eigenkapital und

→ Aufwendungen sind auf den Aufwandskonten im Soll zu buchen.

52

Wie lautet die Buchungsregel für Ertragskonten?

Das Eigenkapitalkonto ist ein **passives Bestandskonto**, bei dem Mehrungen immer im Haben gebucht werden.
Da Ertragskonten Unterkonten des Eigenkapitals sind, gilt folgende

Buchungsregel:

→ Erträge mehren das Eigenkapital

→ Erträge sind auf den Ertragskonten im Haben zu buchen.

53

Kino kostet ...?
- Ob Birgit mir was ...?
Wie werden Erfolgskonten abgeschlossen?

Alle **Aufwendungen** und Erträge werden auf dem **Gewinn- und Verlustkonto** (GuV) einander gegenübergestellt.

Soll	GuV	Haben
Aufwendungen		Erträge

Beim Abschluss des GuV-Kontos ergibt sich ein **Saldo** auf der Soll- oder Haben-Seite:

Erträge > Aufwendungen → Gewinn
Erträge < Aufwendungen → Verlust

54

Und dann fragst du dich, wie die Abschlussbuchungen des GuV-Kontos lauten?
Ich???

Abschlussbuchungen:

→ für alle Aufwandskonten:

GuV an **Aufwandskonten**

→ für alle Ertragskonten:

Ertragskonten an **GuV**

55

Welche Vorteile hat denn die Buchung auf den Erfolgskonten?

1. Aufwendungen und Erträge werden **klar** und **übersichtlich** getrennt.
2. Man sieht genau, **welche** Aufwendungen und Erträge den **Erfolg** bestimmen.
3. Erfolgskonten **mehrerer Jahre** können miteinander **verglichen** werden.
4. Beim Vergleich mit Aufwendungen anderer Unternehmen können **Ursachen** zu hoher Aufwendungen entdeckt werden.
5. Gewonnene Erkenntnisse können Maßnahmen zur **Kostensenkung** oder **Ertragssteigerung** einleiten.

6. Kapitel: Die Umsatzsteuer

Das ist ja ein Ding! Das Finanzamt erhebt bei Eingangs- **und** Ausgangsrechnungen die **Umsatzsteuer**!

Lorenzo Pomodoro

Alles für die feine italienische Küche

Lorenzo Pomodoro – In der Zwietracht 2 – 53567 Bonn

Schülerkiosk „Café Krümel"
z. H. Herrn Kruse
Auf dem Bildungsweg 43
53604 Bad Honnef

Beleg Nr. 350

Bonn: 01.12.20..
Es bediente Sie: Sergio Granata
Rechnung-Nr.: 456-982
USt-IdNr.: DE541258998
Steuer-Nr.: 222/8479/3658

Pos.	Bezeichnung	Menge	Einzelpreis/€	Gesamtpreis/€
1	Ital. Ketchup, extra würzig	10 kg	3,15	31,50

Warenwert netto/€	USt./%	USt./€	Gesamtbetrag/€
31,50	19	5,99	37,49

Sparkasse KölnBonn – BLZ 380 500 00 – Kto. Nr.: 123 876 455

Wie, Moment mal! Hat das etwa Auswirkungen auf meinen Gewinn?

Schülerkiosk „Café Krümel"
Inh. Werner Kruse

Kiosk „Café Krümel" – Auf dem Bildungsweg 43 – 53604 Bad Honnef

SV am Städt. Berufskolleg
Auf dem Bildungsweg 43
53604 Bad Honnef

Beleg Nr. 351

Bad Honnef: 02.12.20..
Rechnung-Nr.: 35
USt-IdNr.: DE123654789
Steuer-Nr.: 222/4321/1234

Pos.	Bezeichnung	Einzelpreis/€	Gesamtpreis/€
1	Zum Weihnachtsbazar lieferten wir: Weihnachtsgebäck	Festpreis	75,00
	+ 19 % Umsatzsteuer		**14,25**
	Rechnungsbetrag		89,25
	Zahlbar innerhalb von 30 Tagen ohne Abzug!		

Bimbes Bank – BLZ 381 500 00 – Kto.Nr. 123321987

Sie haben es sicher schon bemerkt!

Allen Geschäftsfällen, die Sie bisher bearbeitet haben, fehlte ein wichtiger Bestandteil:

Ist Hausmeister Kruses Sorge berechtigt? Gehen wir seiner Frage nach!

Übungsblock 1:
Umsätze tätigen und Umsatzsteuer ermitteln!

59. Arbeitsauftrag:

- Ermitteln Sie für die nachfolgenden Ausgangsrechnungen die **Umsatzsteuer** und den jeweiligen **Rechnungsbetrag**!
- Tragen Sie die ermittelten Beträge in die Rechungen ein!

Schülerkiosk „Café Krümel"
Inh. Werner Kruse

Kiosk „Café Krümel" – Auf dem Bildungsweg 43 – 53604 Bad Honnef

SV am Städt. Berufskolleg
Auf dem Bildungsweg 43
53604 Bad Honnef

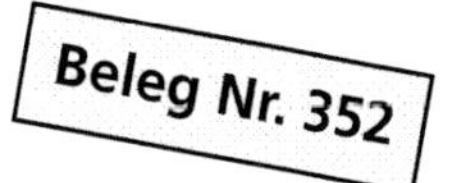

Bad Honnef: 06.12.20..
Rechnung-Nr.: 36
USt-IdNr.: DE123654789
Steuer-Nr.: 222/4321/1234

Pos.	Bezeichnung	Einzelpreis/€	Gesamtpreis/€
1	Zum „Tag der offenen Tür" lieferten wir: 20 Kilo zubereitete Pommes Frites	Festpreis	150,00
	+ 19 % Umsatzsteuer		*28,50*
	Rechnungsbetrag		*178,50*
	Zahlbar innerhalb von 30 Tagen ohne Abzug!		

Bimbes Bank – BLZ 381 500 00 – Kto.Nr. 123321987

Schülerkiosk „Café Krümel"
Inh. Werner Kruse

Kiosk „Café Krümel" – Auf dem Bildungsweg 43 – 53604 Bad Honnef

Bildungsgangkonferenz
am Städt. Berufskolleg
Auf dem Bildungsweg 43
53604 Bad Honnef

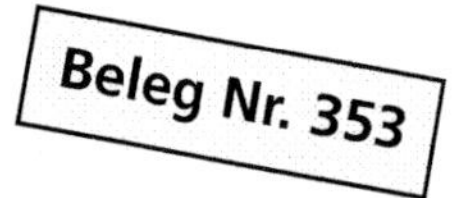

Bad Honnef: 07.12.20..
Rechnung-Nr.: 37
USt-IdNr.: DE123654789
Steuer-Nr.: 222/4321/1234

Pos.	Bezeichnung	Einzelpreis/€	Gesamtpreis/€
1	Anlässlich der Bildungsgangkonferenz lieferten wir wunschgemäß: 3 Kannen Kaffee		18,00
	+ 19 % Umsatzsteuer		*3,42*
	Rechnungsbetrag		*21,42*
	Zahlbar innerhalb von 30 Tagen ohne Abzug!		

Bimbes Bank – BLZ 381 500 00 – Kto.Nr. 123321987

Übungsblock 2:
Vorumsätze – Vorsteuer ermitteln!

Damit wir Umsätze machen können, muss der Kiosk aber auch **einkaufen**!

60. Arbeitsauftrag:

- Ermitteln Sie für die nachfolgenden Eingangsrechnungen die **Umsatzsteuer** und den jeweiligen **Rechnungsbetrag**!
- Tragen Sie die ermittelten Beträge in die Rechungen ein!

Beleg Nr. 354

„Fritten-Pitter"
Der Feinkost-Lieferant für die Gastronomie

Fritten-Pitter – Im Sud 3 – 53123 Bonn

Schülerkiosk „Café Krümel"
z. H. Herrn Kruse
Auf dem Bildungsweg 43
53604 Bad Honnef

Bad Honnef: 07.12.20..
Es bediente Sie: Frau Mayo
Rechnung-Nr.: 8345-56
USt-IdNr.: DE735883129
Steuer-Nr.: 205/3761/5822

Pos.	Bezeichnung	Menge	Einzelpreis/€	Gesamtpreis/€
1	Roh-Kartoffeln Pommes Frites, extra lang	20 kg	1,50	30,00

Warenwert netto/€	USt./%	USt./€	Gesamtbetrag/€
30,00	19	5,70	35,70

Sparkasse KölnBonn – BLZ 380 500 00 – Kto. Nr.: 987456321

Lorenzo Pomodoro

Alles für die feine italienische Küche

Lorenzo Pomodoro – In der Zwietracht 2 – 53567 Bonn

Schülerkiosk „Café Krümel"
z. H. Herrn Kruse
Auf dem Bildungsweg 43
53604 Bad Honnef

Beleg Nr. 355

Bonn: 08.12.20..
Es bediente Sie: Sergio Granata
Rechnung-Nr.: 456-1045
USt-IdNr.: DE541258998
Steuer-Nr.: 222/8479/3658

Pos.	Bezeichnung	Menge	Einzelpreis/€	Gesamtpreis/€
1	Ital. Ketchup, extra würzig	5 kg		15,90
2	Senf „Diabolo-Spezial"	3 kg		14,95

Warenwert netto/€	USt./%	USt./€	Gesamtbetrag/€
30,85	19	5,86	36,71

Sparkasse KölnBonn – BLZ 380 500 00 – Kto. Nr.: 123 876 455

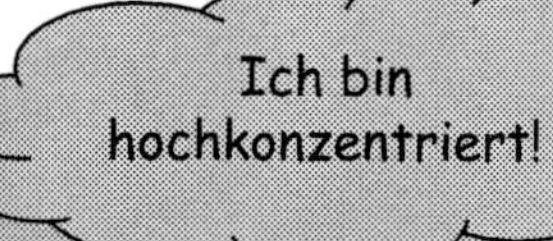

61. Arbeitsauftrag:

Im 59. und 60. Arbeitsauftrag haben Sie die Umsatzsteuerbeträge bei **Ausgangs-** und **Eingangsrechnungen** ermittelt.

- Tragen Sie diese Beträge in das nachfolgende **Schema** ein.
- Errechnen Sie für die Ausgangs- und Eingangsrechnungen jeweils die **Summe** der **Umsatzsteuerbeträge**.

Ausgangsrechnungen: **Umsatz**	
• Beleg 352	*28,50 €*
• Beleg 353	*3,42 €*

Summe der Umsatzsteuer in Ausgangsrechnungen:

31,92 €

Eingangsrechnungen: **Vorumsatz**	
• Beleg 354	*5,70 €*
• Beleg 355	*5,86 €*

Summe der Umsatzsteuer in Eingangsrechnungen:

11,56 €

Birrrrgit – das ist ja unglaublich! Kassiert der **Staat** die Umsatzsteuer gleich **zweimal**???

Nein, nein – es wird doch nur der **Mehrwert** besteuert!!!

Übungsblock 3:
Mehrwert wird besteuert!

KIOSK
Durch unsere Arbeit schafft der Kiosk **Mehrwert**!
Na klar, aus rohen Pommes werden fertige Pommes – und die sind doch wohl **mehr wert**!

Interessant, wenn Birgit und Ralf von „**Mehrwert**“ sprechen!

Denn tatsächlich werden die

➜ eingekauften, tiefgefrorenen **Roh**-Pommes **(Vorumsatz)**

➜ durch die **Verarbeitung** im Kiosk (Frittierfett, Strom, Salz, Gewinn) **mehr wert**

➜ und zu einem **höheren Verkaufspreis** verkauft! **(Umsatz)**

Im Kiosk findet also eine „**Wertschöpfung**“ statt.

Genau hier setzt die **Umsatzbesteuerung** an, denn der erzeugte **Mehrwert** wird mit der Umsatzsteuer (= Mehrwertsteuer) besteuert.

Mehrwert ist die **Differenz** zwischen **Einkaufswert** und **Verkaufswert**!

Vorumsatz	€
ER: Feinkosthändler liefert 20 kg tiefgefrorene Roh-Pommes	30,00
+ 19 % USt.	5,70

+ 120,00 €

€	Umsatz
150,00	**AR:** Kiosk verkauft an die SV 20 kg zubereitete Pommes
28,50	+ 19 % USt.

Das Finanzamt erhält 19 % vom Mehrwert
➜ 22,80 €

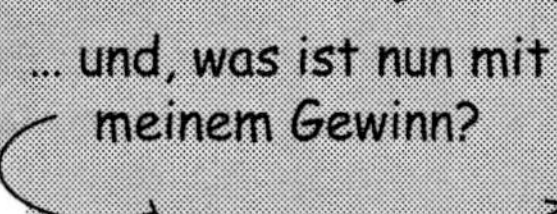

... und, was ist nun mit meinem Gewinn?

62. Arbeitsauftrag:

- Ergänzen Sie die nachfolgenden Übersichten, indem Sie eintragen, welche Umsatzsteuer der Kiosk im Beispiel der Pommes Frites (Seite 129) **zahlt** und **erhält**.
- Errechnen Sie den Verrechnungsbetrag für das **Finanzamt**.
- Bilden und vergleichen Sie die Summen! Wird der Kiosk-Erfolg durch die Umsatzsteuer beeinflusst?

Schülerkiosk „Café Krümel"
Inh. Werner Kruse

Der Kiosk **zahlt** Umsatzsteuer	
• an den Lieferanten lt. ER	*5,70 €*
• an das Finanzamt	*22,80 €*

Der Kiosk **erhält** Umsatzsteuer	
• vom Kunden lt. AR	*28,50 €*

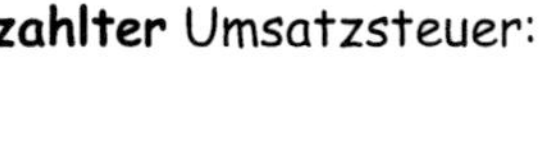

Summe **gezahlter** Umsatzsteuer:

Summe **erhaltener** Umsatzsteuer:

28,50 €

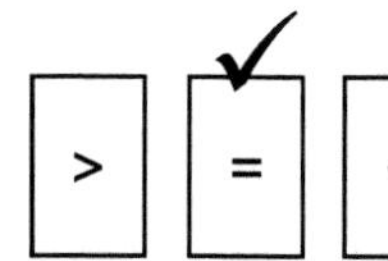

28,50 €

Die Gegenüberstellung der Umsatzsteuer bei Eingangs- und Ausgangsrechnungen macht deutlich:

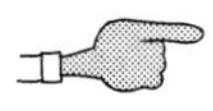

Durch die Umsatzsteuer entsteht für den Kiosk **weder** ein **Aufwand noch** ein **Ertrag**, denn alles, was wir an Steuerbeträgen einnehmen, geben wir auch wieder aus!
Die Umsatzsteuer ist ein **durchlaufender Posten**!

Die Umsatzsteuer zahlt alleine der Endverbraucher!

Wir Endverbraucher tragen allein die Umsatzsteuer!
Kruses Kiosk ist fein raus!

Übungsblock 4:
Die Umsatzsteuer buchen!

Sowohl bei **Eingangs-** als auch bei **Ausgangsrechnungen** fällt die Umsatzsteuer an:

Eingangsrechnungen lautet:	**Ausgangs**rechnungen lautet:
Vorsteuer	**Umsatzsteuer**
Buchung auf der **Soll**-Seite!	Buchung auf der **Haben**-Seite!

Bei **Eingangs**rechnungen immer **Vorsteuer**!

Bei **Ausgangs**rechnungen immer **Umsatzsteuer**!

63. Arbeitsauftrag:

- Bestimmen Sie, welche **Belegart** (Eingangs- oder Ausgangsrechnung) jeweils vorliegt!
- Buchen Sie die folgenden Belege, indem Sie den **Kontierungsstempel** ergänzen!

Beleg: *Eingangsrechnung*

Beleg Nr. 354

„Fritten-Pitter"
Der Feinkost-Lieferant für die Gastronomie

Fritten-Pitter – Im Sud 3 – 53123 Bonn

Schülerkiosk „Café Krümel"
z. H. Herrn Kruse
Auf dem Bildungsweg 43
53604 Bad Honnef

Bad Honnef: 07.12.20..
Es bediente Sie: Frau Mayo
Rechnung-Nr.: 8345-56
USt-IdNr.: DE735883129
Steuer-Nr.: 205/3761/5822

Pos.	Bezeichnung	Menge	Einzelpreis/€	Gesamtpre[is]
1	Roh-Kartoffeln Pommes Frites, extra lang	20 kg	1,50	30,00

Warenwert netto/€	USt./%	USt./€	Gesamtbetrag/€
30,00	19	5,70	35,70

Sparkasse KölnBonn – BLZ 380 500 00 – Kto. Nr.: 987456321

Konten	Soll	Haben
Wareneingang	*30,00*	
+ Vorsteuer	*5,70*	
an Verb. a. LL		*35,70*
gebucht: *S. 24 / Ralf Winter*		

Beleg Nr. 356

Slavo Prohaska
... für die feine Küche

Feinkost Prohaska – Zum Schneckerl 1 – 53321 Bonn

Schülerkiosk „Café Krümel"
z. H. Herrn Kruse
Auf dem Bildungsweg 43
53604 Bad Honnef

Bonn, 09.12.20..
Service: Frau Radi
Rechnung-Nr.: 908-20
USt-IdNr.: DE713651112
Steuer-Nr.: 205/4438/5729

Pos.	Bezeichnung	Menge	Einzelpreis/€	Gesamtpreis/€
1	Party-Frikadellen „Friko"	5 kg		25,00
2	Curry-Wurst „Budenzauber"	50 St.	0,60	30,00

Warenwert netto/€	USt./%	USt./€	Gesamtbetrag/€
55,00	19	10,45	65,45

Bankhaus Penunse – BLZ 386 512 80 – Kto. Nr.: 999 412 879

Beleg: *Eingangsrechnung*

Konten	Soll	Haben
Wareneingang	*55,00*	
+ Vorsteuer	*10,45*	
an Verb. a. LL		*65,45*
gebucht: *S. 24 / Ralf Winter*		

Schülerkiosk „Café Krümel"
Inh. Werner Kruse

Kiosk „Café Krümel" – Auf dem Bildungsweg 43 – 53604 Bad Honnef

SV am Städt. Berufskolleg
Auf dem Bildungsweg 43
53604 Bad Honnef

Beleg Nr. 357

Bad Honnef: 10.12.20..
Rechnung-Nr.: 38
USt-IdNr.: DE123654789
Steuer-Nr.: 222/4321/1234

Pos.	Bezeichnung	Einzelpreis/€	Gesamtpreis/€
	Anlässlich der Nikolaus-Party Handelsschule lieferten wir wunschgemäß:		
1	Getränkebar – alkoholfrei –	Festpreis	65,00
	+ 19 % Umsatzsteuer		**12,35**
	Rechnungsbetrag		77,35
	Zahlbar innerhalb von 30 Tagen ohne Abzug!		

Bimbes Bank – BLZ 381 500 00 – Kto.Nr. 123321987

Beleg: *Ausgangsrechnung*

Konten	Soll	Haben
Ford a. LL	*77,35*	
an Warenverkauf		*65,00*
+ Umsatzsteuer		*12,35*
gebucht: *S. 24 / Ralf Winter*		

Lorenzo Pomodoro

Alles für die feine italienische Küche

Lorenzo Pomodoro – In der Zwietracht 2 – 53567 Bonn

Schülerkiosk „Café Krümel"
z. H. Herrn Kruse
Auf dem Bildungsweg 43
53604 Bad Honnef

Beleg Nr. 358

Bonn: 14.12.20..
Es bediente Sie: Paola Granata
Rechnung-Nr.: 456-1134
USt-IdNr.: DE541258998
Steuer-Nr.: 222/8479/3658

Pos.	Bezeichnung	Menge	Einzelpreis/€	Gesamtpreis/€
1	Ital. Ketchup, mild	10 kg		15,90
2	Olivenöl „dolce vita"	2 l		14,95

Warenwert netto/€	USt./%	USt./€	Gesamtbetrag/€
30,85	19	5,86	36,71

Sparkasse KölnBonn – BLZ 380 500 00 – Kto. Nr.: 123 876 455

Konten	Soll	Haben
Wareneingang	*30,85*	
+ Vorsteuer	*5,86*	
an Verb. a. LL		*36,71*
gebucht: *S. 24 / Ralf Winter*		

Beleg: *Eingangsrechnung*

Schülerkiosk „Café Krümel"
Inh. Werner Kruse

Kiosk „Café Krümel" – Auf dem Bildungsweg 43 – 53604 Bad Honnef

SV am Städt. Berufskolleg
Auf dem Bildungsweg 43
53604 Bad Honnef

Beleg Nr. 352

Bad Honnef: 06.12.20..
Rechnung-Nr.: 36
USt-IdNr.: DE123654789
Steuer-Nr.: 222/4321/1234

Pos.	Bezeichnung	Einzelpreis/€	Gesamtpreis/€
1	Zum „Tag der offenen Tür" lieferten wir: 20 Kilo zubereitete Pommes Frites	Festpreis	150,00
	+ 19 % Umsatzsteuer		**28,50**
	Rechnungsbetrag		178,50
	Zahlbar innerhalb von 30 Tagen ohne Abzug!		

Bimbes Bank – BLZ 381 500 00 – Kto.Nr. 123321987

Konten	Soll	Haben
Ford a. LL	*178,50*	
an Warenverkauf		*150,00*
+ Umsatzsteuer		*28,50*
gebucht: *S. 24 / Ralf Winter*		

Beleg: *Ausgangsrechnung*

Übungsblock 5:
Umsatzsteuerzahllast oder Vorsteuerüberhang?

64. Arbeitsauftrag:

- Buchen Sie die Belege aus dem 63. Arbeitsauftrag auf den nachfolgenden Konten (Gegenkonten angeben)!
- Schließen Sie die Konten **Vor-** und **Umsatzsteuer** ab!

S	Wareneingang		H
354) Verb.	30,00		
356) Verb.	55,00		
358) Verb.	30,85		

S	Warenverkauf		H
		357) Ford.	65,00
		352) Ford.	150,00

S	Vorsteuer		H
354) Verb.	5,70	USt	22,01
356) Verb.	10,45		
358) Verb.	5,86		
	22,01		22,01

S	Umsatzsteuer		H
VSt	22,01	357) Ford.	12,35
Bank	18,84	352) Ford.	28,50
	40,85		40,85

S	Verbindlichkeiten a. LL		H
		354) WE/VSt.	35,70
		356) WE/VSt.	65,45
		358) WE/VSt.	36,71

S	Forderungen a. LL		H
357) WV/USt	77,35		
352) WV/USt	178,50		

65. Arbeitsauftrag:

- Rechnen Sie zum **10. des Monats** mit dem Finanzamt ab und füllen Sie hierzu die nachfolgende Abrechnungsübersicht aus!

Vorsteuer laut **ER**	→ Forderung gegenüber dem Finanzamt

Umsatzsteuer laut **AR**	→ Verbindlichkeit gegenüber dem Finanzamt

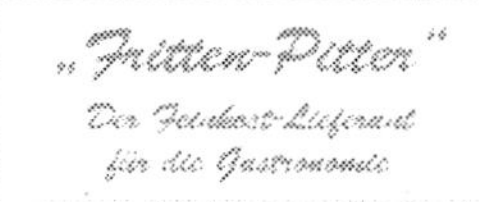

„Fritten-Pitter"
Der Feinkost-Lieferant für die Gastronomie

Vorsteuer **5,70 €**

...enzo Pomodoro

Vorsteuer **5,86 €**

Slavo Prohaska
... für die feine Küche!
Vorsteuer **10,45 €**

Umsatzsteuer **28,50 €**

Schülerkiosk „Café Krümel"
Inh. Werner Kruse
Umsatzsteuer **12,35 €**

Summe = 22,01 €

Summe = 40,85 €

Vorsteuer**überhang?** ☐  Umsatzsteuer**zahllast?** 

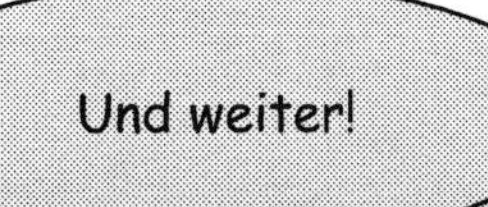

66. Arbeitsauftrag:

- Erledigen sie die nachfolgenden Aufträge!

1.	Nehmen Sie die **Umbuchung zum Monatsende** vor! Formulieren Sie hierzu den entsprechenden Buchungssatz!	**Buchungstext** | **€** | **€** Umsatzsteuer | 22,01 | an Vorsteuer | | 22,01
2.	Rechnen Sie **zum 10. des Monats** über das Bankkonto mit dem Finanzamt ab. Formulieren Sie hierzu den entsprechenden Buchungssatz!	**Buchungstext** | **€** | **€** Umsatzsteuer | 18,84 | an Bank | | 18,84
3.	Wie lautet der Buchungssatz, wenn der Saldo „Umsatzsteuer“ zum Jahresende auf das **Schlussbilanzkonto** übernommen wird?	**Buchungstext** | **€** | **€** Umsatzsteuer | 18,84 | an SBK | | 18,84
4.	Buchen Sie diesen Fall auf dem Konto **SBK**!	**S** **SBK** **H** | USt 18,84
5.	Welcher Fall liegt hier vor?	**Aktivierung** ☐ **oder** **Passivierung** ☑

67. Arbeitsauftrag:

- Bestimmen Sie, welche **Belegart** (ER oder AR) jeweils vorliegt!
- Buchen Sie die folgenden Belege, in dem Sie den **Kontierungsstempel** ergänzen!

Beleg Nr. 359

Feinkost Schmidt
... hier kauft
die Gastronomie!

Feinkost Schmidt – Tafelspitz 34 – 53604 Bad Honnef

Schülerkiosk „Café Krümel“
z. H. Herrn Kruse
Auf dem Bildungsweg 43
53604 Bad Honnef

Bad Honnef, 15.12.20..
Es bediente Sie: Herr Rettich
Rechnung-Nr.: 678-56
USt-IdNr.: DE679935821
Steuer-Nr.: 222/3820/2057

Pos.	Bezeichnung	Menge	Einzelpreis/€	Gesamtpreis/€
1	Fritten-Fett „Prometheus“	20 kg	1,35	27,00
2	Majonäse, Vollfett mit Ei	5 kg	2,70	13,50

Warenwert netto/€	USt./%	USt./€	Gesamtbetrag/€
40,50	19	7,70	48,20

Sparkasse Bad Honnef – BLZ 380 512 00 – Kto. Nr.: 673 412 879

Konten	Soll	Haben
Wareneingang	40,50	
+ Vorsteuer	7,70	
an Verb. a. LL		48,20

gebucht: S. 24 / Ralf Winter

Beleg: ER

Schülerkiosk „Café Krümel"
Inh. Werner Kruse

Kiosk „Café Krümel" – Auf dem Bildungsweg 43 – 53604 Bad Honnef

LK am Städt. Berufskolleg
Auf dem Bildungsweg 43
53604 Bad Honnef

Beleg Nr. 360

Bad Honnef: 15.12.20..
Rechnung-Nr.: 39
USt-IdNr.: DE123654789
Steuer-Nr.: 222/4321/1234

Pos.	Bezeichnung	Einzelpreis/€	Gesamtpreis/€
	Anlässlich der Lehrerkonferenz lieferten wir wunschgemäß:		
1	3 Kannen Kaffee	18,00	
2	diverse Erfrischungsgetränke lt. Liste	8,60	
3	18 belegte Brötchen	21,60	
			48,20
	+ 19 % Umsatzsteuer		9,16
	Rechnungsbetrag		57,36
	Zahlbar innerhalb von 30 Tagen ohne Abzug!		

Bimbes Bank – BLZ 381 500 00 – Kto.Nr. 123321987

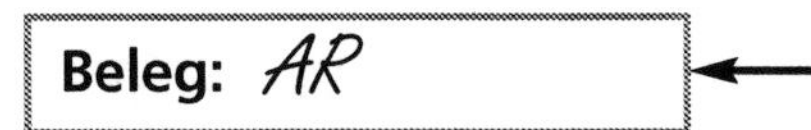
Beleg: AR

Konten	Soll	Haben
Ford. a. LL	57,36	
an Warenverkauf		48,20
+ Umsatzsteuer		9,16
gebucht: S. 24 / Ralf Winter		

Bürobedarf
Marion Grober-Unsinn

Zum Palaver 3
53604 Bad Honnef
Kassenbon

Beleg Nr. 361

15.12.20..	13:57
Kopierpapier 500 Blatt	4,99 €
Tintenpatrone Druckmaster	33,50 €
Summe	38,49 €

Im Rechnungsbetrag sind
19 % USt. = 6,15 €
enthalten!
USt-IdNr.: DE973512380

Vielen Dank für Ihren Einkauf!

Beleg: ER

Konten	Soll	Haben
Büromaterial	32,34	
+ Vorsteuer	6,15	
an Kasse		38,49
gebucht: S. 24 / Ralf Winter		

Konten	Soll	Haben
Fremdinstands.	12,00	
+ Vorsteuer	2,28	
an Verb. a. LL		14,28
gebucht: S. 24 / Ralf Winter		

Beleg Nr. 362

Breitscheidt
– wenn der Baum brennt!

Breitscheidt OHG – Rauchpfad 9 – 53123 Bonn

Schülerkiosk „Café Krümel"
z. H. Herrn Kruse
Auf dem Bildungsweg 43
53604 Bad Honnef

Bonn, 16.12.20..
Es bediente Sie: Herr Lömbach
Kunden-Nr.: 4567
Rechnung-Nr.: 876-89
USt-IdNr.: DE583358821
Steuer-Nr.: 205/3827/1901

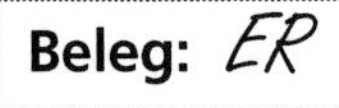
Beleg: ER

Pos.	Bezeichnung	Menge	Einzelpreis/€	Gesamtpreis/€
1	Wartung Feuerlöschgerät „Pyromane" Selbstanlieferung und Abholung!	1	12,00	12,00

Warenwert netto/€	USt./%	USt./€	Gesamtbetrag/€
12,00	19	2,28	14,28

Sparkasse KölnBonn – BLZ 380 500 00 – Kto. Nr.: 673 412 879

Schülerkiosk „Café Krümel"
Inh. Werner Kruse

Kiosk „Café Krümel" – Auf dem Bildungsweg 43 – 53604 Bad Honnef

SV am Städt. Berufskolleg
Auf dem Bildungsweg 43
53604 Bad Honnef

Beleg Nr. 363

Bad Honnef: 16.12.20..
Rechnung-Nr.: 40
USt-IdNr.: DE123654789
Steuer-Nr.: 222/4321/1234

Pos.	Bezeichnung	Einzelpreis/€	Gesamtpreis/€
	Zur SV-Sitzung am 15.12.20.. lieferten wir wunschgemäß:		
1	diverse Erfrischungsgetränke lt. Liste	8,40	
2	12 belegte Brötchen	14,40	
3	4 Puddingteilchen	4,80	27,60
	+ 19 % Umsatzsteuer		5,24
	Rechnungsbetrag		32,84
	Zahlbar innerhalb von 30 Tagen ohne Abzug!		

Bimbes Bank – BLZ 381 500 00 – Kto.Nr. 123321987

Beleg: *AR*

Konten	Soll	Haben
Ford. a. LL	*32,84*	
an Warenverkauf		*27,60*
+ Umsatzsteuer		*5,24*
gebucht: *S. 24 / Ralf Winter*		

Die Umsatzsteuer ist ... na ja,

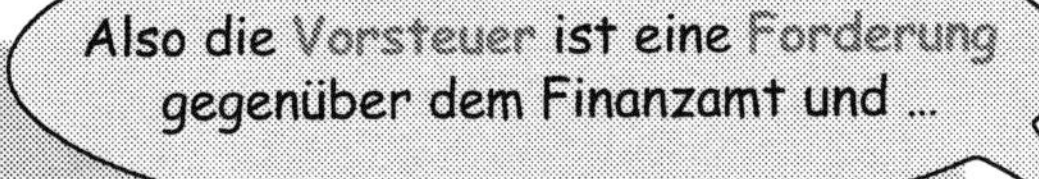

Also die Vorsteuer ist eine Forderung gegenüber dem Finanzamt und ...

68. Arbeitsauftrag:

- Buchen Sie die Belege aus dem 67. Arbeitsauftrag auf den nachfolgenden Konten (Gegenkonten angeben)!
- Schließen Sie die Konten **Vor-** und **Umsatzsteuer** ab!

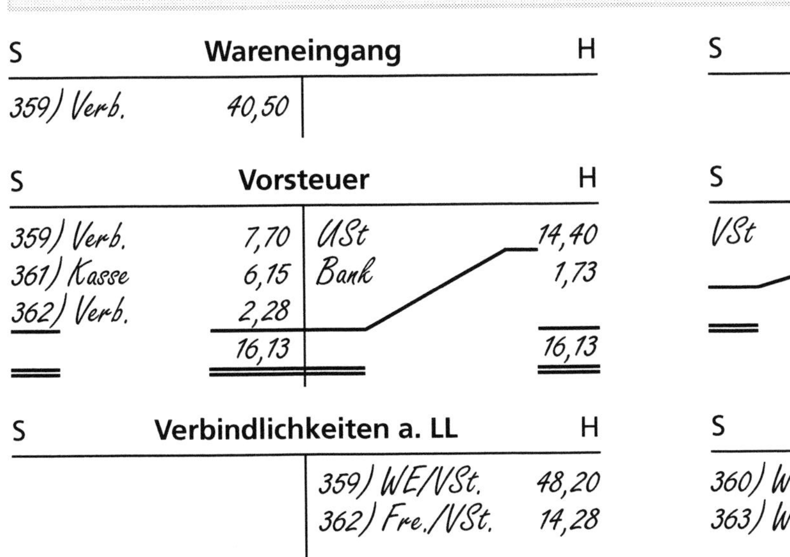

S Wareneingang H

S		H	
359) Verb.	*40,50*		

S Warenverkauf H

S		H	
		360) Ford.	*48,20*
		363) Ford.	*27,60*

S Vorsteuer H

S		H	
359) Verb.	*7,70*	*USt*	*14,40*
361) Kasse	*6,15*	*Bank*	*1,73*
362) Verb.	*2,28*		
	16,13		*16,13*

S Umsatzsteuer H

S		H	
VSt	*14,40*	*360) Ford.*	*9,16*
		363) Ford.	*5,24*
	14,40		*14,40*

S Verbindlichkeiten a. LL H

S		H	
		359) WE/VSt.	*48,20*
		362) Fre./VSt.	*14,28*

S Forderungen a. LL H

S		H	
360) WV/USt.	*57,36*		
363) WV/USt.	*32,84*		

S Kasse H

S		H	
		361) Büro/VSt.	*38,49*

S Büromaterial H

S		H	
361) Kasse	*32,34*		

S Fremdinstandsetzung H

S		H	
362) Verb.	*12,00*		

69. Arbeitsauftrag:

- Schreiben Sie die **Vor-** und **Umsatzsteuerbeträge** in die Kästchen der ER und AR!
- Rechnen Sie zum **10. des Monats** mit dem Finanzamt ab!

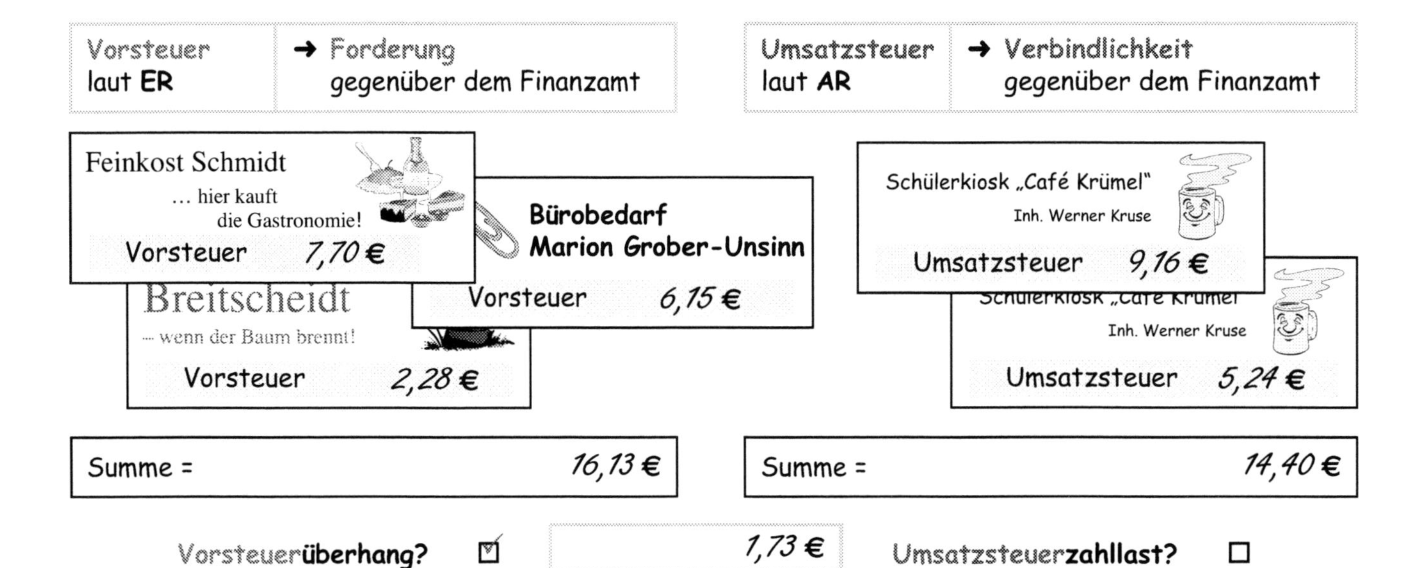

Vorsteuer laut **ER**
→ Forderung gegenüber dem Finanzamt
Umsatzsteuer laut **AR**
→ Verbindlichkeit gegenüber dem Finanzamt
Feinkost Schmidt
... hier kauft die Gastronomie!
Vorsteuer 7,70 €
Bürobedarf Marion Grober-Unsinn
Vorsteuer 6,15 €
Breitscheidt
– wenn der Baum brennt!
Vorsteuer 2,28 €
Schülerkiosk „Café Krümel"
Inh. Werner Kruse
Umsatzsteuer 9,16 €
Inh. Werner Kruse
Umsatzsteuer 5,24 €
Summe = 16,13 €
Summe = 14,40 €

Vorsteuer**überhang?** ☑ 1,73 € Umsatzsteuer**zahllast?** ☐

70. Arbeitsauftrag:

- Erledigen sie die nachfolgenden Aufträge!

1.	Nehmen Sie die **Umbuchung zum Monatsende** vor! Formulieren Sie hierzu den entsprechenden Buchungssatz!	**Buchungstext** / € / € Umsatzsteuer 14,40 an Vorsteuer 14,40
2.	Rechnen Sie **zum 10. des Monats** über das Bankkonto mit dem Finanzamt ab. Formulieren Sie hierzu den entsprechenden Buchungssatz!	**Buchungstext** / € / € Bank 1,73 an Vorsteuer 1,73
3.	Wie lautet der Buchungssatz, wenn der Saldo „Umsatzsteuer" zum Jahresende auf das **Schlussbilanzkonto** übernommen wird?	**Buchungstext** / € / € SBK 1,73 an Vorsteuer 1,73
4.	Buchen Sie diesen Fall auf dem Konto **SBK**!	**S SBK H** VSt 1,73 |
5.	Welcher Fall liegt hier vor?	**Aktivierung** ☑ **oder** **Passivierung** ☐

Übungsblock 6:
Umsatzsteuer bei Kleinbetragsrechnungen!

Schülerkiosk „Café Krümel"
Inh. Werner Kruse

Auf dem Bi... 43
53604 ...
Kassenbon

17.12.20..	11:18
4 Fritten rot weiß	6,00 €
2 Cola	1,20 €
2 Wasser	1,20 €
Summe	8,40 €

Im Rechnungsbetrag sind 19 % USt. enthalten!

Vielen Dank für Ihren Besuch!

Steuer-Nr.: 222/4321/1234

Bei Kleinbetragsrechnungen bis 100,00 € ist auf dem Beleg meist nur der Umsatzsteuersatz zu lesen, nicht aber der Umsatzsteuerbetrag **in Euro**. Es wird nur der Bruttorechnungsbetrag **einschließlich** Umsatzsteuer angegeben.

Bruttorechnungsbetrag **einschließlich** Umsatzsteuer

Umsatzsteuersatz

Wie kann man nun den Umsatzsteuerbetrag **in Euro** ausrechnen?

→ Lösung mit **Dreisatz**:

Der Bruttobetrag (hier: 8,40 €) ist um 19 % höher als der Nettobetrag, da die Umsatzsteuer mit enthalten ist. Der Bruttobetrag beträgt also 119 % und setzt sich aus Nettobetrag (= 100 %) plus Umsatzsteuer (= 19 %) zusammen.

119 % (100 + 19) → 8,40 €
19 % → x €

$$\text{Umsatzsteuer} = \frac{8{,}40 \cdot 19}{100 + 19} \rightarrow \frac{8{,}40 \cdot 19}{119} = \boxed{1{,}34}$$

→ Lösung mit **Formel**:
Setzt man in den Lösungsbruchstrich des Dreisatzes die passenden **Fachbegriffe** ein, so erhält

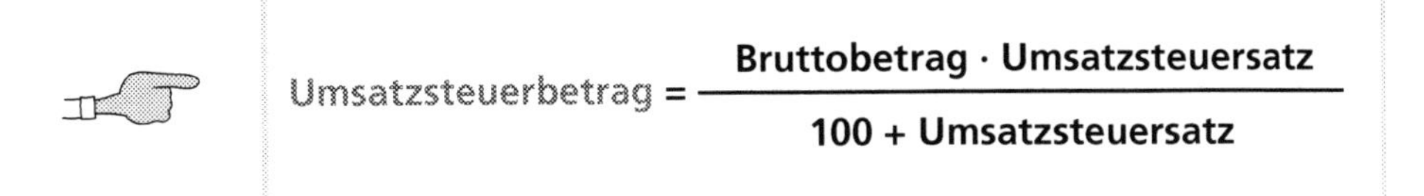

$$\text{Umsatzsteuerbetrag} = \frac{\textbf{Bruttobetrag} \cdot \textbf{Umsatzsteuersatz}}{\textbf{100 + Umsatzsteuersatz}}$$

Ergebnis: Die Umsatzsteuer für obigen Beleg beträgt 1,34 € (Nettobetrag = 7,06 €).

71. Arbeitsauftrag:

- Kontieren Sie die nachfolgenden Belege!

Rathausstraße 2
53604

Kassenbon

18.12.20..	13:09
500 Werbeflyer	6,90 €
Summe	6,90 €

Im Rechnungsbetrag sind 19 % USt. enthalten!
USt-IdNr.: DE886734425

Vielen Dank für Ihr Vertrauen!

Konten	Soll	Haben
Werbung	*5,80*	
+ Vorsteuer	*1,10*	
an Kasse		*6,90*
gebucht: *S. 24 / Ralf Winter*		

Schülerkiosk „Café Krümel"
Inh. Werner Kruse

Auf dem Bi... 43
53604 ...

Beleg Nr. 366

Kassenbon

18.12.20..	10:41
17 Brötchen	20,40 €
12 Cola	27,00 €
3 Wasser	1,80 €
7 Puddingteilchen	8,40 €
Summe	57,60 €

Im Rechnungsbetrag sind 19 % USt. enthalten!
USt-IdNr.: DE123654789

Vielen Dank für Ihren Besuch!

Lieferung für Arbeitskreis Weihnachtsbazar!

Konten	Soll	Haben
Kasse	*57,60*	
an Warenverkauf		*48,40*
+ Umsatzsteuer		*9,20*
gebucht: *S. 24 / Ralf Winter*		

Buchhandlung „Leseratte"

Beleg Nr. 367

...f dem Kerbholz 12
...d Honnef

Kassenbon

18.12.20..	14:58
Gernot Penibel: „Ratgeber Umsatzsteuerrecht"	13,50 €
Summe	**13,50 €**

Im Rechnungsbetrag sind **7 % USt.** enthalten!
USt-IdNr.: DE536758296

Konten	Soll	Haben
Fachliteratur	*12,62*	
+ Vorsteuer	*0,88*	
an Kasse		*13,50*
gebucht: *S. 24 / Ralf Winter*		

Schülerkiosk „Café Krümel“
Inh. Werner Kruse
Auf dem Bildungsweg 43
53604 Bad Honnef
Kassenbon

Beleg Nr. 368

19.12.20..	11:18
1 Kaffee	0,60 €
2 belegte Brötchen	2,40 €
2 Powerriegel	1,40 €
Summe	4,40 €

Im Rechnungsbetrag sind
19 % USt. enthalten!
USt-IdNr.: DE123654789

Vielen Dank für Ihren Besuch!

Lehrer Klamm zahlt später!!!

Konten	Soll	Haben
Forderungen a. LL	*4,40*	
an Warenverkauf		*3,70*
+ Umsatzsteuer		*0,70*
gebucht: *S. 24 / Ralf Winter*		

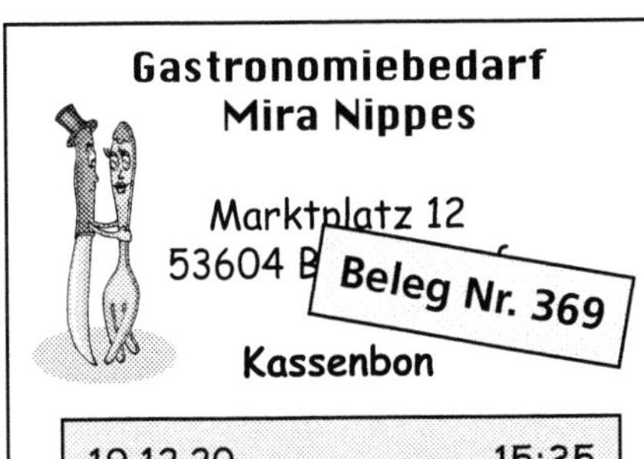

19.12.20..	15:35
Servietten 1000 Stück	5,99 €
Pommesgabeln 500 Stück, bunt	3,99 €
Summe	**9,98 €**

Im Rechnungsbetrag sind
19 % USt. enthalten!
USt-IdNr.: DE583792223

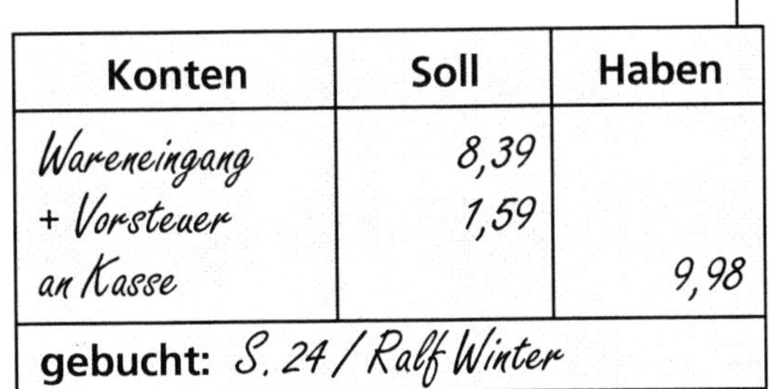

Konten	Soll	Haben
Wareneingang	*8,39*	
+ Vorsteuer	*1,59*	
an Kasse		*9,98*
gebucht: *S. 24 / Ralf Winter*		

Peter Bruch & Sohn
Sanitärbetrieb

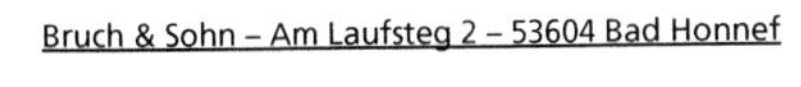
Bruch & Sohn – Am Laufsteg 2 – 53604 Bad Honnef

SV am Städt. Berufskolleg
z. H. Herrn Kruse
Auf dem Bildungsweg 43
53604 Bad Honnef

Beleg Nr. 370

Bad Honnef, 19.12.20..
Rechnung-Nr.: 456-789
USt-IdNr.: DE775327523
Steuer-Nr.: 222/5829/3748

Bezeichnung	Gesamtpreis/€
Reparatur eines undichten Wasserhahns inkl. Materialaufwand	18,50
Rechnungsbetrag einschließlich 19 % USt.	18,50
bar erhalten, 19.12.20.. *Gr*	

Sparkasse Bad Honnef – BLZ 380 512 00 – Kto. Nr.: 772 467 989

Konten	Soll	Haben
Fremdinstands.	*15,55*	
+ Vorsteuer	*2,95*	
an Kasse		*18,50*
gebucht: *S. 24 / Ralf Winter*		

72. Arbeitsauftrag:

- Buchen Sie die vorkontierten Belege des vorangegangenen Arbeitsauftrags auf den Konten **Vorsteuer** und **Umsatzsteuer** (Gegenkonten angeben)!
- Schließen Sie die Konten **Vor-** und **Umsatzsteuer** ab!

S	Vorsteuer		H
365) Ka.	1,10	USt	6,52
367) Ka.	0,88		
369) Ka.	1,59		
370) Ka.	2,95		
	6,52		6,52

S	Umsatzsteuer		H
VSt	6,52	366) Ka.	9,20
Bank	3,38	368) Ka.	0,70
	9,90		9,90

73. Arbeitsauftrag:

- Rechnen Sie zum 10. des Monats mit dem Finanzamt ab und füllen Sie hierzu die nachfolgende Abrechnungsübersicht aus!

Vorsteuer laut **ER**	➜ Forderung gegenüber dem Finanzamt

Umsatzsteuer laut **AR**	➜ Verbindlichkeit gegenüber dem Finanzamt

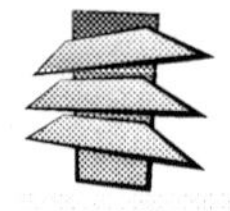
Druckerei
Harry Gleichmut
Vorsteuer 1,10 €

Buchhandlung „Leseratte"
Vorsteuer 0,88 €

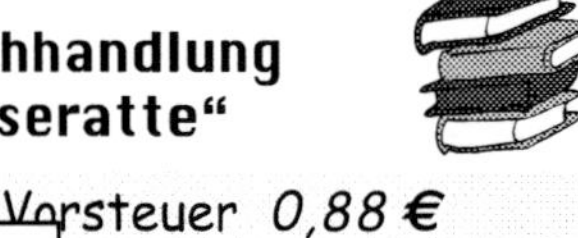
Gastronomiebedarf Mira Nippes
Vorsteuer 1,59

Peter Bruch & Sohn
Sanitärbetrieb
Vorsteuer 2,95 €

Schülerkiosk „Café Krümel"
Inh. Werner Kruse
Umsatzsteuer 9,20 €

Schülerkiosk „Café Krümel"
Inh. Werner Kruse
Umsatzsteuer 0,70 €

Summe =	6,52 €

Summe =	9,90 €

Vorsteuer**überhang?** ☐ 3,38 € Umsatzsteuer**zahllast?** ☑

Ja Sie, wer sonst!

74. Arbeitsauftrag:

- Erledigen sie die nachfolgenden Aufträge!

1.	Nehmen Sie die **Umbuchung zum Monatsende** vor! Formulieren Sie hierzu den entsprechenden Buchungssatz!	**Buchungstext** | **€** | **€** *Umsatzsteuer* | *6,52* | *an Vorsteuer* | | *6,52*
2.	Rechnen Sie **zum 10. des Monats** über das Bankkonto mit dem Finanzamt ab. Formulieren Sie hierzu den entsprechenden Buchungssatz!	**Buchungstext** | **€** | **€** *Umsatzsteuer* | *3,38* | *an Bank* | | *3,38*
3.	Wie lautet der Buchungssatz, wenn der Saldo zum Jahresende auf das **Schlussbilanzkonto** übernommen wird?	**Buchungstext** | **€** | **€** *Umsatzsteuer* | *3,38* | *an SBK* | | *3,38*
4.	Buchen Sie diesen Fall auf dem Konto **SBK**!	**S** **SBK** **H** | *USt* *3,38*
5.	Welcher Fall liegt hier vor?	**Aktivierung** ☐ **oder** **Passivierung** ☑

Übungsblock 7:
Zwischenprüfung bei Lehrer Klamm!

Das kommt etwas schleppend!

75. Arbeitsauftrag:

- Schließen Sie die nachfolgenden **Lücken**!

Haushaltswaren
Pia Fein
Marktplatz 12
53604 Bad Honnef
Kassenbon

19.12.20..	16:45
Scheuermilch „Dirty Devil"	3,99 €
Summe	3,99 €

Im Rechnungsbetrag sind 19 % USt. enthalten!

Dieser Beleg ist eine ....*Kleinbetrags*.-Rechnung, da bis zu einem Rechnungsbetrag bis ......*100,00*.. € die ....*Umsatzsteuer*........ nur als %-Satz angegeben werden muss. Der Rechnungsbetrag ist also ein .....*Brutto*-.betrag; die Umsatzsteuer ist in ihm enthalten. Da Ware gekauft worden ist, ist die angefallene Steuer für den Kiosk ....*Vorsteuer*..... und damit eine ....*Forderung*....... gegenüber dem Finanzamt.

Der im Bruttobetrag enthaltene Steueranteil beträgt: .....*0,64*.. €.

76. Arbeitsauftrag:

- Nachfolgend finden Sie Fragen und **lückenhafte** Sätze. Lösen Sie hierzu das nachfolgende **Rätsel**!

Hinweis: Setzen Sie: ä = ae / ö = oe / ü = ue

Waagerecht	**Ergänzen Sie!**
1	Gegenüber dem Finanzamt ist die Umsatzsteuer eine *Verbindlichkeit*.
5	Wird die Umsatzsteuerzahllast zum Jahresende auf das SBK übertragen, so spricht man von: *Passivierung*.
6	Wenn in einem Rechnungsbetrag die Umsatzsteuer enthalten ist, so ist dies ein: *Bruttobetrag*.
9	Bei Eingangsrechnungen lautet die Umsatzsteuer: *Vorsteuer*
10	Vorsteuer ist gegenüber dem Finanzamt eine *Forderung*.
11	Wenn die Vorsteuer größer ist als die Umsatzsteuer, entsteht ein Vorsteuer-*überhang*.
12	Die Umsatzsteuer wird häufig auch Mehrwertsteuer genannt, weil der *Mehrwert* besteuert wird.
13	Wie viele Kaninchen hat Hausmeister Kruse in seinem Stall ? Lösung: Regelsteuersatz abzüglich ermäßigter Steuersatz minus Anzahl der Personen im Haushalt Kruse = *neun*
15	Bei Eingangsrechnungen wird das Konto Vorsteuer auf der *Soll* -Seite gebucht.
Senkrecht	
2	Für das Unternehmen ist die Vor- und Umsatzsteuer ein *Durchlaufposten*
3	Die Umsatzsteuer trägt allein der *Endverbraucher*
4	Bei Kleinbetragsrechnungen bis 100,00 € wird nur der *Umsatzsteuersatz* angegeben.
7	Auf Ausgangsrechnungen lautet die Umsatzsteuer: *Umsatzsteuer*
8	Das Konto Umsatzsteuer ist ein *Passivkonto*
14	Bei Ausgangsrechnungen wird auf dem Konto Umsatzsteuer auf der *Haben* -Seite gebucht.

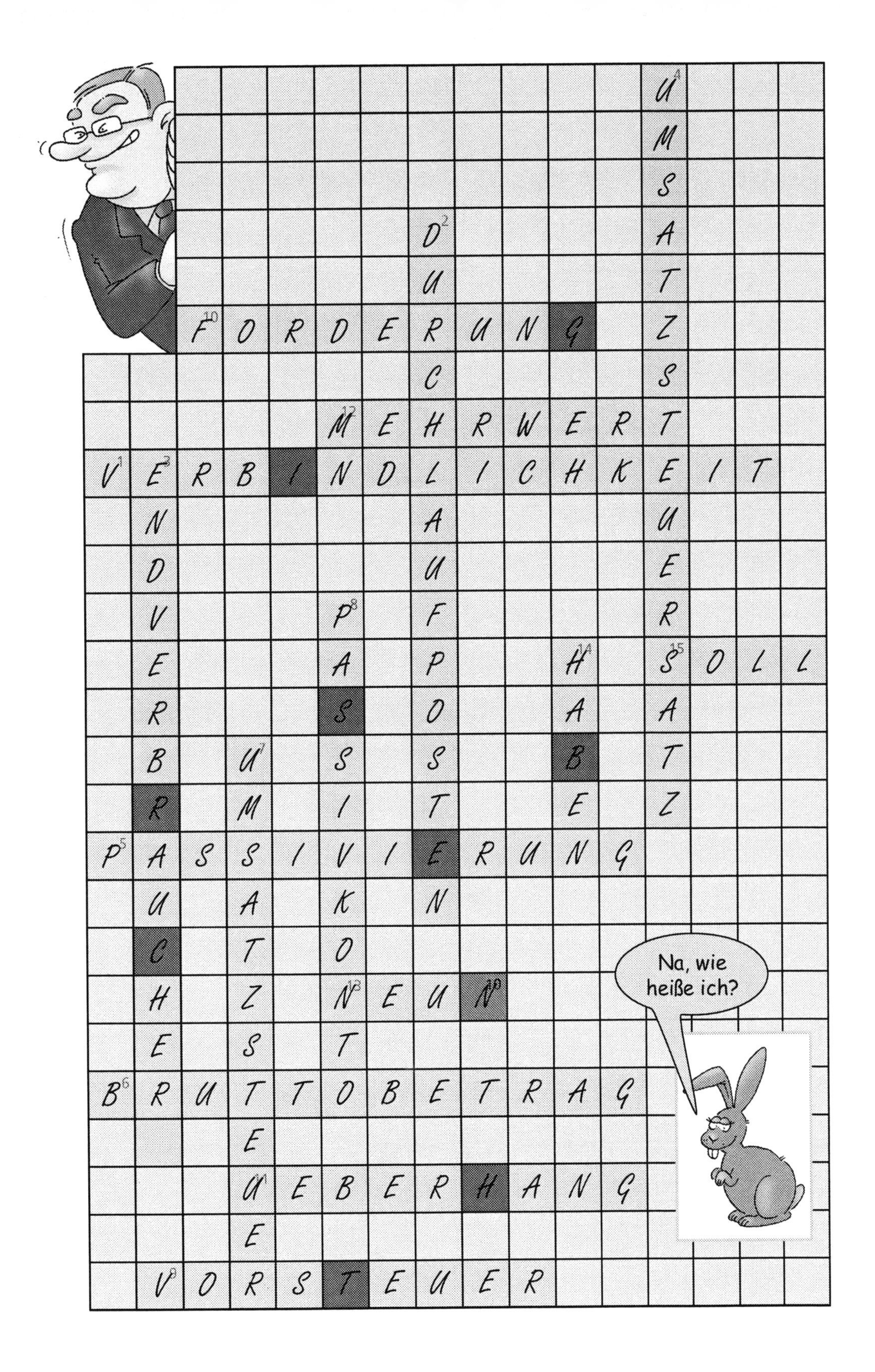

Lesen Sie die roten Kästchen von oben nach unten und Sie wissen, wie Kruses **Lieblingskaninchen** heißt:

G	I	S	B	R	E	C	H	T

77. Arbeitsauftrag:

Sie sind noch nicht fertig!

- Bearbeiten Sie die nachfolgenden Geschäftsfälle im **Grundbuch**!

Geschäftsfall 1	€	€
ER: Zieleinkauf von Brotwaren, netto	50,00	
+ 19 % USt.	9,50	59,50

Geschäftsfall 2	€	€
KB: Barverkauf von Kioskartikeln, netto	12,50	
+ 19 % USt.	2,38	14,88

Geschäftsfall 3	€	€
ER, BA: Inspektion der Feuerlöschanlage im Kiosk durch einen Fachbetrieb, netto	35,00	
+ 19 % USt.	?	?

Geschäftsfall 4	€	€
KB:		
a) Barzahlung einer fälligen Liefererrechnung	38,00	
b) Kauf einer Dunstabzugshaube, netto	65,00	
+ 19 % USt.	12,35	

Geschäftsfall 5	€	€
AR: Banklastschriften		
a) Lohnzahlung an die Aushilfe	50,00	
b) Stromrechnung der Stadtwerke, netto	26,00	
+ 19 % USt.	4,94	
c) Ausgleich einer fälligen Liefererrechnung	27,00	107,94

Geschäftsfall 6	€	€
BA: Kunde überweist eine fällige Ausgangsrechnung	89,00	

Geschäftsfall 7	€	€
BA: Verkauf von Waren brutto, einschließlich 19 % USt.	139,20	

Geschäftsfall 8	€	€
ER, BA: Banküberweisung		
a) an eine Druckerei wegen Werbeplakaten, netto	39,00	
+ 19 % USt.	7,41	
b) an einen Büroausstatter bezüglich Kauf einer Registrierkasse, brutto, einschließlich 19 % USt.	229,68	276,09

Geschäftsfall 9	€	€
ER, BA: Abbuchung der Telefongebühren für den Kiosk, einschließlich 19 % USt.	15,08	

Oh, bevor Sie Feierabend machen – das muss noch gebucht werden!!!
Jetzt schlägt es aber „9"!
BUCH-HALTUNG

Grundbuch			„Zwischenprüfung!"		
				Seite	
Lfd. Nr.	Buchungs-datum	Geschäftsvorfall	Buchungstext	Soll €	Haben €
1		Wareneinkauf auf Ziel	Wareneingang + Vorsteuer an Verbindlichkeiten a. LL	50,00 9,50	 59,50
2		Barverkauf von Waren	Kasse an Warenverkauf + Umsatzsteuer	14,88	 12,50 2,38
3		Banküberweisung einer Eingangs-rechnung über Wartungsarbeiten	Fremdinstandsetzung + Vorsteuer an Bank	35,00 6,65	 41,65
4		Barzahlung von Eingangsrechnungen	Verbindlichkeiten a. LL + Geschäftsausstattung + Vorsteuer an Kasse	38,00 65,00 12,35	 115,35
5		Banklastschriften	Löhne + Energie + Vorsteuer Verbindlichkeiten a. LL an Bank	50,00 26,00 4,94 27,00	 107,94
6		Kunde überweist fällige AR	Bank an Forderungen a. LL	89,00	 89,00
7		Warenverkauf	Forderungen a. LL an Warenverkauf + Umsatzsteuer	139,20	 116,97 22,23
8		Banküberweisung von Eingangsrechnungen	Werbung + Vorsteuer + Geschäftsausstattung + Vorsteuer an Bank	39,00 7,41 193,01 36,67	 276,09
9		Banküberweisung der Telefongebühren	Telefon + Umsatzsteuer an Bank	12,67 2,41	 15,08

KiOSK
... und immer kommt der Chef noch kurz vor Feierabend mit Rechnungen!

78. Arbeitsauftrag:

Und Sie meinen, die kennen sich aus?
Mmh!!!

- Entscheiden Sie in der nachfolgenden Tabelle durch Ankreuzen, wozu die jeweiligen Aussagen passen!

	Aussagen	Vorsteuer	Umsatzsteuer
1.	Der Gesetzgeber schreibt vor, dass sie in Ausgangsrechnungen (Ausnahme: Kleinbetragsrechnungen) offen ausgewiesen sein muss!		X
2.	Gegenüber dem Finanzamt ist sie eine Forderung!	X	
3.	Sie ist eine Verbindlichkeit gegenüber dem Finanzamt!		X
4.	Sie erscheint aus der Sicht eines beschaffenden Unternehmens auf den Eingangsrechnungen!	X	
5.	Sie wird auf einem passiven Bestandskonto gebucht!		X
6.	Für den letzten Monat des Geschäftsjahres wird sie über das Schlussbilanzkonto abgeschlossen. Dies nennt sich „Passivierung"!		X
7.	Sie wird auf einem aktiven Bestandskonto gebucht!	X	
8.	Für den letzten Monat des Geschäftsjahres wird sie über das Schlussbilanzkonto abgeschlossen. Dies nennt sich „Aktivierung"!	X	
9.	Ist die Vorsteuer größer als die Umsatzsteuer, so spricht man von ....überhang!	X	
10.	Ist die Umsatzsteuer größer als die Vorsteuer, so spricht man von ....zahllast!		X
11.	Der Schülerkiosk erhält von den Stadtwerken die monatliche Wasserrechnung. Diese beinhaltet...	X	
12.	Anlässlich der alljährlichen Sportveranstaltung „Lehrer besiegen Schüler" stellt der Schülerkiosk eine Getränkebar. Die Rechnung an das Lehrerkollegium beinhaltet ...		X

56

Sie ist die ausgewiesene Umsatzsteuer auf der **Eingangsrechnung** (ER).

- ➜ Sie stellt eine Forderung gegenüber dem Finanzamt dar.
- ➜ Die Buchung erfolgt auf dem Aktiv**konto** „Vorsteuer" auf der **Soll**-Seite.

Buchungssatz für eine **Eingangsrechnung**:

> **Wareneingang** (Aufwendungen für Waren)
> \+ Vorsteuer
> **an Verbindlichkeiten a. LL**

57

- ➜ Sie ist die ausgewiesene Umsatzsteuer auf der **Ausgangsrechnung** (AR).
- ➜ Sie stellt eine Verbindlichkeit gegenüber dem Finanzamt dar.
- ➜ Die Buchung erfolgt auf dem Passivkonto „Umsatzsteuer" auf der **Haben**-Seite.

Buchungsatz für eine **Ausgangsrechnung**:

> **Forderungen a. LL**
> **an Warenvergang** (Umsatzerlöse für Waren)
> \+ Umsatzsteuer

58

Ist die Umsatzsteuer › Vorsteuer
dann wird der Saldo der Vorsteuer mit der Umsatzsteuer verrechnet (Umbuchung):
➜ Umsatzsteuer **an** Vorsteuer

S Vorsteuer	H		S Umsatzsteuer	H
	Saldo	➜	**VSt**	

Die Umsatzsteuerzahllast ist bis zum 10. des **Folgemonats** an das Finanzamt zu überweisen. Am Ende des Geschäftsjahres ist die Zahllast über das **SBK** abzuschließen.

- ➜ **Passivierung der Zahllast**
- ➜ (Passivkonto) Umsatzsteuer **an SBK**

59

Ist die Vorsteuer › Umsatzsteuer
dann wird der Saldo der Umsatzsteuer mit der Vorsteuer verrechnet (**Umbuchung**):
➜ Umsatzsteuer **an** Vorsteuer

S Vorsteuer	H		S Umsatzsteuer	H
	VSt	➜	**Saldo**	

Am Ende des Geschäftsjahres ist der Überhang über das **SBK** abzuschließen.

- ➜ **Aktivierung des Vorsteuerüberhangs**
- ➜ **SBK an** (Aktivkonto) Vorsteuer

7. Kapitel: Privatbuchungen

Übungsblock 1: Privatentnahme von Geldwerten!

Ähhh, das ist aber sehr privat!

Kegelclub „Volle Lotte 04"

Kegelclub „Volle Lotte 04" – Zur Kalle 3 – 53604 Bad Honnef

Werner Kruse
Im Acker 16
53604 Bad Honnef

Beleg Nr. 371

Bad Honnef: 20..-12-20
Jahresbeitrag 20..
Sparkasse Bad Honnef
BLZ 380 512 00
Kto. Nr.: 673 897 324

Liebes Vereinsmitglied,

der Jahresbeitrag 20.. ist fällig. Bitte überweisen Sie den Betrag in Höhe von 50,00 € auf unser Vereinskonto.

Mit freundlichen Grüßen

P. Genau
Peter Genau
(Kassenwart)

Betriebsvermögen Schülerkiosk „Café Krümel"	**private Geldentnahme** → **- 50,00 €**	**Privatvermögen** Familie Kruse

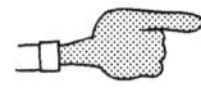 Geldentnahmen für das Privatleben der Familie Kruse **mindern das Eigenkapital** des Schülerkiosks!

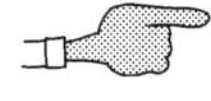 Zur besseren Übersicht werden diese Privatentnahmen auf dem besonderen Konto **„Privat"** gebucht.

 Es ist ein Unterkonto des Kontos Eigenkapital.

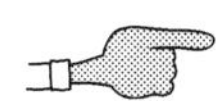 Privatentnahmen mindern das Eigenkapital.

Wie, ... und dann musstest du Kruses Kegelclub vom Kiosk-Konto bezahlen?
KIOSK

Buchungsbeleg-Nr.: 371 „Café Krümel"

Datum	Vorgang	Konto	S	H
20.12.20..	Jahresbeitrag Vereinsmitgliedschaft Kegelclub Herr Kruse	Privat Bank	50,00	 50,00

geprüft: 20.12.20.. *B. Sommer* **gebucht:** 20.12.20.. *Ralf Winter*

79. Arbeitsauftrag:

Wer ist der Chef im Schülerkiosk?!

Er hat bestimmt wieder private Rechnungen!

- Hausmeister Kruse überreicht seiner Buchhaltung einige Rechnungen. Kontieren Sie diese auf den beigefügten Buchungsbelegen!

BUCH-HALTUNG

Buchungsbeleg-Nr.: *372* „Café Krümel"

Datum	Vorgang	Konto	S	H
21.12. ..	*Private Tierarztrechnung für Herrn Kruse*	*Privat an Bank*	*25,00*	 *25,00*

geprüft: *21.12.20.. R. Winter* **gebucht:** *21.12.20.. B. Sommer*

Kleintierpraxis
Dr. med. vet. Axel Peiniger
Fachtierarzt und Veterinärpsychologe

Dr. Peiniger – Krähenweg 7 – 53321 Bonn

Herrn Kruse
Im Acker 16
53604 Bad Honnef

Beleg Nr. 372

Bonn: 20.12.20..
Tel.: 0228 / 12 21 12

Rechnung-Nr.: 3456
Steuer-Nr.:

Liquidation	**Betrag / €**
Für ärztliche Bemühungen erlaube ich mir in Rechnung zu stellen:	
16.12.20.. gemäß Veterinär-Gebührenordnung:	
eingehende Untersuchung eines Zuchtkaninchens	12,00
Grundimpfung	13,00
Rechnungsbetrag	25,00
Überweisen Sie binnen 10 Tagen!	

Sparkasse KölnBonn – BLZ 380 500 00 – Kto. Nr. 987 654 321

Beleg Nr. 373

Beauty-Shop
Wim van der Pimpernel

Wim v.d. Pimpernel – Enggasse 7 – 53604 Bad Honnef

Werner Kruse
Im Acker 16
53604 Bad Honnef

Am 24.12. Frau Kruse persönlich zustellen!

Bad Honnef, 20.12.20..
Tel.: 02224 / 12335
Es bediente Sie: Claudette
Rechnung-Nr. 2345-34

Chantalle No. 5	24,00 €
1 Festtagskarte mit Umschlag	2,00 €
Rechungsbetrag inkl. 19 % USt.	26,00 €
Die Rechnung ist zahlbar innerhalb einer Woche!	

Stadtsparkasse Bad Honnef – BLZ 381 500 00 – Kto. Nr.: 123 564 112

Buchungsbeleg-Nr.: *373* „Café Krümel"

Datum	Vorgang	Konto	S	H
21.12. ..	*Private Rechnung für Herrn Kruse über Parfüm*	*Privat an Bank*	*26,00*	 *26,00*

geprüft: *21.12.20.. R. Winter* **gebucht:** *21.12.20.. B. Sommer*

Beleg Nr. 374

Sorglos
Versicherungs-Gruppe

Sorglos Gruppe – Binnenalster 234 – 22456 Hamburg

Werner Kruse
Im Acker 16
53604 Bad Honnef

Hamburg, 21.12.20..

Es betreut Sie: Peter Beneter

Sehr geehrter Herr Kruse,

der nächste Beitrag für Ihre Versicherung ist fällig.

Versicherung-Nr.	Versicherungsart	Gesamtbetrag
345 678-67	Haftpflichtversicherung für Hund „Hennes", Deckungssumme: 2 Mio. €	65,00 €

Bankverbindung: Dresdener Bank – BLZ 276 459 777 – Kto. Nr.: 321 654 988

Buchungsbeleg-Nr.: 374 „Café Krümel"

Datum	Vorgang	Konto	S	H
22.12. ..	Private Versicherung für Herrn Kruse	Privat an Bank	65,00	 65,00

geprüft: 22.12.20.. R. Winter **gebucht:** 22.12.20.. B. Sommer

Schülerkiosk „Café Krümel"
Inh. Werner Kruse

Auszahlungsbeleg

Die Kasse des Schülerkiosks

zahlte 50 €

an Frau Kruse

für Friseurgeld

Bad Honnef: 22.12.20..

Beleg Nr. 375

Betrag erhalten: Ilse Kruse

ausgezahlt: B. Sommer

Buchungsbeleg-Nr.: 375 „Café Krümel"

Datum	Vorgang	Konto	S	H
22.12. ..	Barauszahlung des Friseurgeldes für Frau Ilse Kruse	Privat an Kasse	50,00	 50,00

geprüft: 22.12.20.. R. Winter **gebucht:** 22.12.20.. B. Sommer

Buchhandlung „Leseratte"
Auf dem Kerbholz 12
53604 Bad Honnef

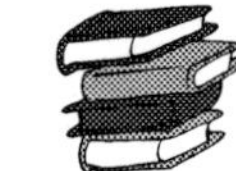

Kassenbon

22.12.20..	16:38
Petra Rührig: Sterne über Juist - Roman	5,90 €
Summe	5,90 €

Beleg Nr. 376

Im Rechnungsbetrag sind 7 % USt. enthalten!

Buchungsbeleg-Nr.: *376* „Café Krümel"

Datum	Vorgang	Konto	S	H
22.12. ..	*Privatrechnung für Herrn Kruse über Literatur*	*Privat*	*5,90*	
		an Kasse		*5,90*

geprüft: *22.12.20.. R. Winter* **gebucht:** *22.12.20.. B. Sommer*

Ich fühle mich kontrolliert!

Zur Übersicht buche ich Ihre privaten Rechnungen auf dem besonderen **Privatkonto**!

80. Arbeitsauftrag:

- Buchen Sie die vorkontierten Belege auf den nachfolgenden Konten im **Hauptbuch**!
- Schließen Sie die beiden Konten **„Privat"** und **„Eigenkapital"** ab!
- Welche **wertmäßige Auswirkung** haben die Privatentnahmen des Hausmeisters Kruse auf das Eigenkapital des Schülerkiosks?

S — Eigenkapital — H

S		H	
Privat	*221,90*	EBK	2.500,00
SBK	*2.278,10*		
	2.500,00		*2.500,00*

S — Privat — H

S		H	
371) Bank	50,00	*Eigenkapital*	*221,90*
372) Bank	*25,00*		
373) Bank	*26,00*		
374) Bank	*65,00*		
375) Kasse	*50,00*		
376) Kasse	*5,90*		
	221,90		*221,90*

S — Kasse — H

S		H	
		375) Privat	*50,00*
		376) Privat	*5,90*

S — Bank — H

S		H	
		371) Privat	50,00
		372) Privat	*25,00*
		373) Privat	*26,00*
		374) Privat	*65,00*

S — SBK — H

S		H	
		Eigenkapital	*2.278,10*

Das **Eigenkapital** des **Kiosks** hat sich um *221,90* € gemehrt. ☐ oder gemindert. ☑

Das Konto **„Privat"** ist ein **Unterkonto** des passiven Bestandskontos **Eigenkapital**.

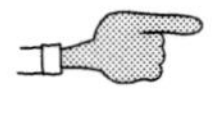
Privat**entnahmen mindern das Eigenkapital** des Kiosks. Sie werden daher auf der Soll-Seite des Privatkontos gebucht!

Übungsblock 2:
Privateinlagen von Geld- und Sachwerten!

81. Arbeitsauftrag:

- Hausmeister Kruse überreicht seiner Buchhaltung zwei Belege. Kontieren Sie diese auf den beigefügten Buchungsbelegen!

Oh, Kruse gibt sich großzügig!

B

Kontoauszug Bankhaus Bimbes — Kontonummer 32156798

Tag	Erläuterungen	Wert	Betrag/€	
22.12.20..	Bareinzahlung Erstattung der Tierarztrechnung vom 20.12.20..	22.12.20..	25,00	Haben
		Kontostand am 01.12.20..	738,00	Haben
		Kontostand am 22.12.20..	763,00	Haben

Herrn/Frau/Firma	Auszug Nr.
Werner Kruse Schülerkiosk „Café Krümel" Städtisches Berufskolleg	58

Beleg Nr. 377

Elektro-Haus
„Manni" Blitz

Elekto Blitz – Zur Einsicht 4 – 53604 Bad Honnef

Schülerkiosk „Café Krümel"
z. H. Herrn Kruse
Auf dem Bildungsweg 43
53604 Bad Honnef

Beleg Nr. 378

Bad Honnef: 22.12.20..
Es bediente Sie: Herr Volt
Rechnungs-Nr.: 5789
USt-IdNr.: DE 589123737
Steuer-Nr.: 222/3842/1408

Pos.	Bezeichnung	Menge	Einzelpreis/€	Gesamtpreis/€
1	Eis-Crasher „Polaris" blau-metallic *Rechnungsbetrag dankend in bar erhalten! Volt*	1		29,90

Stadtsparkasse Bad Honnef – BLZ 381 500 00 – Kto. Nr. 123456789

Betriebsvermögen
Schülerkiosk „Café Krümel"

← **private Geldeinlage + 25,00 €** / **private Sacheinlage + 29,90 €** ←

Privatvermögen
Familie Kruse

Buchungsbeleg-Nr.: *377* „Café Krümel"

Datum	Vorgang	Konto	S	H
23.12. ..	*Erstattung der privaten Tierarztrechnung*	*Bank*	*25,00*	
		an Privat		*25,00*

geprüft: *23.12.20.. R. Winter* **gebucht:** *23.12.20.. B. Sommer*

Buchungsbeleg-Nr.: *378* „Café Krümel"

Datum	Vorgang	Konto	S	H
23.12. ..	*Private Sacheinlage zur Geschäftsausstattung*	*Geschäftsausst.*	*29,90*	
		an Privat		*29,90*

geprüft: *23.12.20.. R. Winter* **gebucht:** *23.12.20.. B. Sommer*

Zur Übersicht buchen Sie das aber auf dem besonderen **Privatkonto**!

82. Arbeitsauftrag:

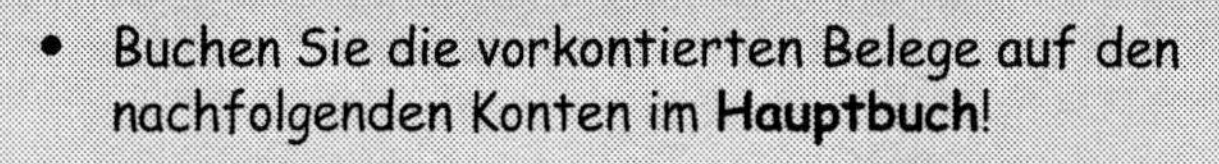

- Buchen Sie die vorkontierten Belege auf den nachfolgenden Konten im **Hauptbuch**!

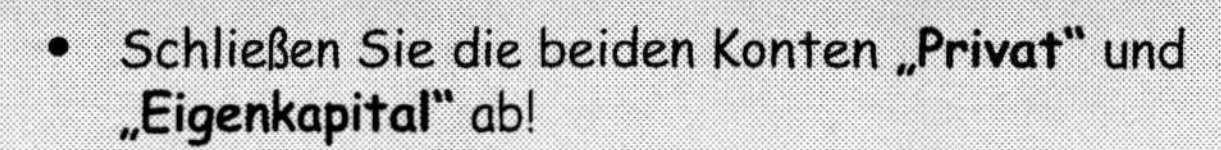

- Schließen Sie die beiden Konten **„Privat"** und **„Eigenkapital"** ab!
- Welche **wertmäßige Auswirkung** haben die Privateinlagen des Hausmeisters Kruse auf das Eigenkapital des Schülerkiosks?

Wo sonst?

S — Eigenkapital — H

S		H	
SBK	*2.333,00*	EBK	2.278,10
		Privat	*54,90*
	2.333,00		*2.333,00*

S — Geschäftsausstattung — H

S		H	
378) Privat	*29,90*		

S — Privat — H

S		H	
Eigenkapital	*54,90*	*377) Bank*	*25,00*
		378) Gesch.	*29,90*
	54,90		*54,90*

S — Bank — H

S		H	
377) Privat	*25,00*		

S — SBK — H

S		H	
		Eigenkapital	*2.333,00*

Das **Eigenkapital** des **Kiosks** hat sich um *54,90* €
- gemehrt. ☑
- oder
- gemindert. ☐

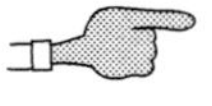

Private**einlagen** **mehren das Eigenkapital** des Kiosks. Sie werden daher auf der Haben-Seite des Privatkontos gebucht!

Übungsblock 3:
Privatentnahme von Sachwerten (Eigenverbrauch)!

Wie? Jetzt schreibt mir mein eigener Kiosk schon die Rechnungen???
Sie verbrauchen ihre eigenen Waren - also muss ich das auch buchen!

Beleg Nr. 379

Für meine Skatrunde brauche ich heute Abend:
10 belegte Brötchen
4 Flaschen Cola
2 Tüten Chips, aber Paprikageschmack!

Nehme ich nachher mit nach Hause!

Gruß Kruse

…afé Krümel"
Werner Kruse

Kiosk „Café Krümel" – Auf dem…

Werner Kruse
Im Acker 16
53604 Bad Honnef

Bad Honnef: 22.12.20..
Rechnung-Nr.: 41
USt-IdNr. DE123654789
Steuer-Nr.: 222/4321/1234

Pos.	Bezeichnung	…preis/€	Gesamtpreis/€
1	10 belegte Brötchen	6,00	
2	4 Flaschen Cola	6,00	
3	2 Tüten Chips	2,60	
	Warenwert netto		14,60
	+ 19 % Umsatzsteuer		2,77
	Gesamtbetrag		17,37

Sparkasse Bad Honnef – BLZ 381 500 00 – Kto. Nr. 123321987

Buchungsbeleg-Nr.: 379 „Café Krümel"

Datum	Vorgang	Konto	S	H
23.12.20..	Warenentnahme durch Herrn Kruse	Privat an Eigenverbrauch + Umsatzsteuer	17,37	 14,60 2,77

geprüft: 23.12.20.. *B. Sommer* **gebucht: 23.12.20..** *R. Winter*

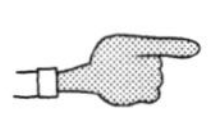
Entnimmt der Unternehmer Kruse aus dem Kiosk Waren, so wird er zum **Endverbraucher**!

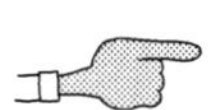
Wie jeder andere Endverbraucher muss er die **Umsatzsteuer bezahlen**!

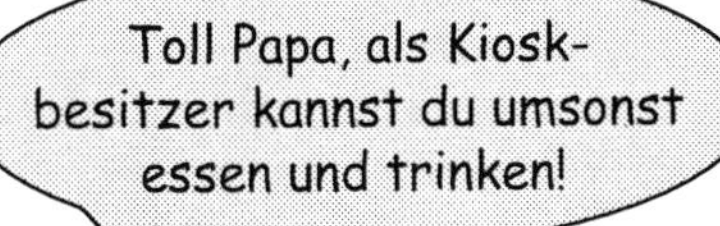

Toll Papa, als Kioskbesitzer kannst du umsonst essen und trinken!

Mein Sohn, du kennst meine Buchhaltung nicht!

83. Arbeitsauftrag:

- Kontieren Sie die nachfolgenden Belege!

Oh, Sie leben wieder aus den Warenvorräten des Kiosks!

Vielleicht sollte ich mich von meiner Buchhaltung trennen!

Schülerkiosk „Café Krümel"
Inh. Werner Kruse

Auf dem Bi... 43
53604 B...
Kassenbon

Beleg Nr. 380

22.12.20..	13:17
3 Fritten rot-weiß	3,00 €
3 Cola	1,20 €
2 Puddingteilchen	1,60 €
Summe	5,80 €

Im Rechnungsbetrag sind 19 % USt. enthalten!

USt-IdNr.: DE123654789

Vielen Dank für Ihren Besuch

Mittagessen für Familie Kruse!!!

Buchungsbeleg-Nr.: *380* „Café Krümel"

Datum	Vorgang	Konto	S	H
22.12. ..	*Eigenverbrauch durch Herrn Kruse*	*Privat*	*5,80*	
		an Eigenverbr.		*4,87*
		+ USt		*0,93*

geprüft: *22.12.20.. R. Winter* **gebucht:** *22.12.20.. B. Sommer*

Weihnachtsfeier für die Mitarbeiter im Schülerkiosk! Alles geht auf den Chef!

...hülerkiosk „Café Krümel"
Inh. Werner Kruse

Kiosk „Café Krümel" ... 53604 Bad Honnef

SV am Städt. Berufskolleg
Auf dem Bildungsweg 43
53604 Bad Honnef

Beleg Nr. 381

Bad Honnef: 22.12.20..
Rechnung-Nr.: 42
USt-IdNr.: DE123654789
Steuer-Nr.: 222/4321/1234

Pos.	Bezeichnung	Einzelpreis/€	Gesamtpreis/€
1	12 Kaffeeteilchen	9,60	
2	1 Kanne Kaffee	4,00	
3	7 Cola	2,80	
	Warenwert netto		16,40
	+ 19 % Umsatzsteuer		3,12
	Gesamtbetrag		19,52
	...zug!		

...500 00 – Kto.Nr. 123321987

Buchungsbeleg-Nr.: *381* „Café Krümel"

Datum	Vorgang	Konto	S	H
22.12. ..	*Eigenverbrauch durch Herrn Kruse*	*Privat*	*19,52*	
		an Eigenverbr.		*16,40*
		+ USt		*3,12*

geprüft: *22.12.20.. R. Winter* **gebucht:** *22.12.20.. B. Sommer*

84. Arbeitsauftrag:

Und, was lernen wir aus Kruses Privatleben?

- Buchen Sie die vorkontierten Belege aus Übungsblock 3 auf den nachfolgenden Konten im **Hauptbuch**!
- Schließen Sie die Konten **„Privat"** und **„Eigenkapital"** ab!
- Welche **wertmäßige Auswirkung** haben die Warenentnahmen des Hausmeisters Kruse auf das Eigenkapital des Schülerkiosks?

S	Eigenkapital		H
Privat	42,69	EBK	2.333,00
SBK	2.290,31		
	2.333,00		2.333,00

S	Umsatzsteuer		H
		379) Privat	2,77
		380) Privat	0,93
		381) Privat	3,12

S	Privat		H
379) Eigv./USt	17,37	Eigenkapital	42,69
380) Eigv./USt	5,80		
381) Eigv./USt	19,52		
	42,69		42,69

S	Eigenverbrauch		H
		379) Privat	14,60
		380) Privat	4,87
		381) Privat	16,40

S	SBK		H
		Eigenkapital	2.290,31

Das **Eigenkapital** des **Kiosks** hat sich um 42,69 €

- gemehrt ☐
- oder
- gemindert. ☑

Leidet mein **Erfolg** durch meinen Eigenverbrauch? Mache ich **Gewinne** ... oder sogar **Verluste**?

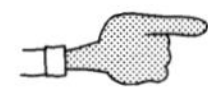
Private Sachentnahmen **mindern das Eigenkapital** des Kiosks. Sie werden daher auf der Soll-Seite des Privatkontos gebucht!

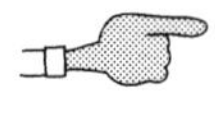
Private Sachentnahmen werden dem Kioskunternehmer Kruse jedoch nur in Höhe der **Bezugspreise** in Rechnung gestellt!

Übungsblock 4:
Zwischenprüfung bei Lehrer Klamm!

85. Arbeitsauftrag:

- Bearbeiten Sie die nachfolgenden Geschäftsfälle im **Grundbuch**!

Ein guter Rat: Trennen Sie Privat- und Geschäftsleben!

Geschäftsfall 1	€	€
AR, Eigenbeleg: Herr Kruse lädt Lehrer Klamm zu einem Arbeitsfrühstück ein.		
Warenpreis, netto	2,40	
+ 19 % USt.	0,46	2,86

Geschäftsfall 2	€	€
KB, Kassenausgabe: Frau Kruse lässt sich im Kiosk Haushaltsgeld auszahlen.		25,00

Geschäftsfall 3	€	€
BA, Lastschriften:		
a) Versicherungsbeitrag für die Feuerversicherung des Kiosks	86,00	
b) Hundesteuer für den Mops von Herrn Kruse	72,00	158,00

Geschäftsfall 4	€	€
BA, Lastschriften:		
a) Briefmarken für die Kioskverwaltung	5,40	
b) Haftpflicht für Herrn Kruses Hund „Hennes“	65,00	?

Geschäftsfall 5	€	€
AR, Eigenbeleg: Herr Kruse entnimmt 2 Flaschen Cola.		
Warenpreis	3,00	
+ 19 % USt.	?	?

Geschäftsfall 6	€	€
BA, Gutschriften:		
a) Einzahlung vom Sparbuch des Herrn Kruse	100,00	
b) Kunde bezahlt eine fällige Ausgangsrechnung	35,80	135,80

Geschäftsfall 7	€	€
BA, Lastschriften:		
a) Banküberweisung an Fußballverein – Spende	25,00	
b) Banküberweisung an Fußballverein – Mitgliedsbeitrag	35,00	?

Geschäftsfall 8	€	€
KB, Kassenausgaben:		
a) Barkauf von Schreibpapier, inkl. 19 % USt.	18,56	
b) Reparatur des Kioskdaches durch Dachdeckerbetrieb, netto	52,00	
+ 19 % USt.	?	?

Grundbuch			„Zwischenprüfung!"		
				Seite	
Lfd. Nr.	Buchungs-datum	Geschäftsvorfall	Buchungstext	Soll €	Haben €
1		Private Warenentnahme	Privat an Eigenverbrauch + Umsatzsteuer	2,86	 2,40 0,46
2		Kassenausgabe	Privat an Kasse	25,00	 25,00
3		Verschiedene Banklastschriften	Versicherungsbeiträge + Privat an Bank	86,00 72,00	 158,00
4		Verschiedene Banklast-schriften	Postgebühren + Privat an Bank	5,40 65,00	 70,40
5		Private Warenentnahme	Privat an Eigenverbrauch + Umsatzsteuer	3,57	 3,00 0,57
6		Verschiedene Bankgutschriften	Bank an Privat + Forderungen a. LL	135,80	 100,00 35,80
7		Verschiedene Banklastschriften	Spenden + Privat an Bank	25,00 35,00	 60,00
8		Verschiedene Kassenausgaben	Büromaterial + Vorsteuer + Fremdinstandsetzung + Vorsteuer an Kasse	15,60 2,96 52,00 9,88	 80,44

86. Arbeitsauftrag:

- Füllen Sie die weißunterlegten **Lücken** in der nachfolgenden Übersicht!

Nun, haben Sie die Übersicht?

Privat entnahmen von **Geld**werten	Privat**einlagen** von Geld- und Sach werten	Privatentnahme von Sachwerten (= Eigenverbrauch)
▼	▼	▼
Buchung (bei Barzahlung): Privat an Kasse	**Buchung (bei Barzahlung):** Kasse an Privat	**Buchung:** Privat **an** Eigenverbrauch + Umsatzsteuer
▼	▼	▼
Beispiel aus dem Kiosk: • Zahlung der privaten Telefongebühren der Familie Kruse • Zahlung der Wohnungsmiete der Familie Kruse	**Beispiel** aus dem Kiosk: • Geldeinlage: vom Privatvermögen wird Bargeld in die Kioskkasse eingezahlt • Sach einlage: vom Privatvermögen wird ein Gegenstand in die Geschäftsausstattung des Kiosks eingebracht.	**Beispiel** aus dem Kiosk: • Waren aus dem Sortiment des Kiosks werden durch den Kioskbesitzer entnommen und privat verzehrt.
▼	▼	▼
Auswirkung auf das **Eigenkapital**: Minderung	Auswirkung auf das **Eigenkapital**: Mehrung	Auswirkung auf das **Eigenkapital**: Minderung

60

1. Privat**entnahme** von **Geld**werten
2. Privat**entnahme** von **Sach**werten
   (Entnahme von Gegenständen zum **eigenen Verbrauch**)
3. Privat**einlage** von **Geld**werten
4. Privat**einlage** von **Sach**werten

61

➜ Private Geldentnahmen **mindern** das **Eigenkapital** der Unternehmung.
➜ Sie werden daher auf dem besonderen Konto „**Privat**" gebucht.
➜ Das Konto „**Privat**" ist ein **Unterkonto** des passiven Bestandskontos „**Eigenkapital**".
➜ Private Geldentnahmen werden daher auf der **Soll-Seite** des Privatkontos gebucht.

Buchungssatz:

Privat an Kasse

62

➜ Private Einlagen **mehren** das **Eigenkapital** der Unternehmung.
➜ Sie werden daher auf dem besonderen Konto „**Privat**" gebucht.
➜ Das Konto „**Privat**" ist ein **Unterkonto** des passiven Bestandskontos „**Eigenkapital**".
➜ Private Einlagen werden daher auf der **Haben-Seite** des Privatkontos gebucht.

Buchungssatz:

Bank/Geschäftsausstattung an Privat

63

➜ Wer Gegenstände zum **privaten Verbrauch** entnimmt, wird zum **Endverbraucher**.
➜ **Endverbraucher** zahlen **Umsatzsteuer**!
➜ Die Entnahme der Gegenstände wird auf dem Konto „**Eigenverbrauch**" gebucht. Dies stellt wie der Warenverkauf einen **Ertrag** für die Unternehmung dar, der auf der **Haben-Seite** gebucht und über GuV abgeschlossen wird.
➜ Die **Umsatzsteuer** ist eine **Verbindlichkeit**.

Buchungssatz:

Privat an Eigenverbrauch
+ Umsatzsteuer

8. Kapitel: Die große Abschlussprüfung!

87. Arbeitsauftrag:

Und jetzt sind Sie reif für einen **kompletten Geschäftsgang**!

- Bearbeiten Sie die nachfolgende Aufgabe von der **Eröffnungs-** bis zur **Schlussbilanz**!

Geschäftsfall 1	€	€
ER: Kauf einer Kleingeschirr-spülmaschine für den Kiosk, netto + 19 % USt	 145,00 27,55	 172,55

Geschäftsfall 2	€	€
ER, KB: Reparatur der Mikrowelle netto + 19 % USt	 24,50 ?	 ?

Geschäftsfall 3	€	€
BA, Lastschriften: **a)** Feuerversicherung für den Kiosk **b)** Kauf von Ware Warenwert netto + 19 % USt	 16,00 36,00 ?	 ?

Geschäftsfall 4	€	€
BA, Gutschriften: **a)** Kunde bezahlt eine fällige Ausgangsrechnung **b)** Einzahlung vom Sparbuch des Herrn Kruse	 280,00 150,00	 ?

Geschäftsfall 5	€	€
KB, Kassenausgaben: **a)** Barkauf einer Druckerpatrone, inkl. 19 % USt **b)** Barzahlung einer fälligen Eingangsrechnung	 14,50 38,00	 ?

Geschäftsfall 6	€	€
AR: Verkauf von Waren auf Ziel + 19 % USt	 216,00 ?	 ?

Geschäftsfall 7	€	€
AR, Eigenbeleg: Herr Kruse entnimmt 4 Flaschen Cola Warenpreis + 19 % USt	 6,00 ?	 ?

Geschäftsfall 8	€	€
ER: Zieleinkauf von Waren Warenwert brutto incl. 19 % USt	 23,20	

Dürfen wir auch Ihre Kiosk-Belege buchen, Herr Klamm?
Mmh - als Therapie hilft hier nur eine saftige Hausaufgabe!

Schülerkiosk „Café Krümel"
Inh. Werner Kruse

Auf dem Bi[...]
53604 Bad H[...]
Kassenbon

Beleg Nr. 382

22.12.20..	11:23
1 Kaffee	0,60 €
2 belegte Brötchen	2,40 €
3 Powerriegel	2,10 €
Summe	5,10 €

Im Rechnungsbetrag sind 19 % USt. enthalten!
USt-IdNr. DE 123654789

Vielen Dank für Ihren Besuch!

Lehrer Klamm zahlt am Monatsende!

Für die griechische Küche!

Beleg Nr. 383

Pavlos Zorbas – Hauptstr. 456 – 53432[...]

Schülerkiosk „Café Krümel"
z. H. Herrn Kruse
Auf dem Bildungsweg 43
53604 Bad Honnef

Bonn:	22.12.20..
Es bediente Sie:	Herr Pantakis
Rechnung-Nr.:	23456
USt-IdNr.:	DE684293721
Steuer-Nr.:	205/2132/5873

Pos.	Bezeichnung	Menge	Einzelpreis/€	Gesamtpreis/€
1	Grüne Oliven	1,5 kg		12,50
2	Schwarze Oliven	1,5 kg		12,50
	Zahlen Sie innerhalb von 10 Tagen!			

Warenwert netto/€	USt./%	USt./€	Gesamtbetrag/€
25,00	19	4,75	29,75

Sparkasse KölnBonn – BLZ 380 500 00 – Kto. Nr.: 183 834 519

Conchitas Plattenladen
Alles rund um die Musik!

Beleg Nr. 384

Conchitas – Breite Str. 57 –[...]

Schülerkiosk „Café Krümel"
z. H. Herrn Kruse
Auf dem Bildungsweg 43
53604 Bad Honnef

Bonn:	22.12.20..
Es bediente Sie:	Chonchita Rodriguez
Rechnung-Nr.:	987643
USt-IdNr.:	DE728360319
Steuer-Nr.:	205/8543/3006

Pos.	Bezeichnung	Menge	Einzelpreis/€	Gesamtpreis/€
1	Stereo-Minianlage „Mega-Blaster"	1		25,00
	CD: Der Jupp „Meine Lieder"	1		12,50
	Zahlen Sie innerhalb von 10 Tagen!			

Warenwert netto/€	USt./%	USt./€	Gesamtbetrag/€
37,50	19	7,13	44,63

Sparkasse KölnBonn – BLZ 380 500 00 – Kto. Nr.: 183 834 519

Behandeln Sie meinen Beleg vertrauensvoll!

Busreisen Galinski
Europareisen günstig!

Galinski-Reisen– Rheinweg 12 – 53604 Bad Honnef

Herrn Werner Kruse
Im Acker 16
53604 Bad Honnef

Beleg Nr. 385

Bad Honnef:	22.12.20..
Es bediente Sie:	Vera Fernweh
Rechnung-Nr.:	99654
USt-IdNr.:	DE786378927
Steuer-Nr.:	222/0406/1996

Pos.	Bezeichnung	Teiln.	Einzelpreis/€	Gesamtpreis/€
1	Sonderfahrt nach Prag 1 Übern./Frühstück 03./04.01.20..	2 Pers.	50,00	100,00
	Bitte überweisen Sie innerhalb von 7 Tagen!			

Warenwert netto/€	USt./%	USt./€	Gesamtbetrag/€
100,00	19	19,00	119,00

Bimbes Bank – BLZ 381 500 00 – Kto. Nr.: 987456321

Aktiva	**Eröffnungsbilanz**		Passiva
I. Anlagevermögen		**I. Eigenkapital**	
1. Gebäude	2.800,00	1. Eigenkapital	*3.319,00*
2. Geschäftsausstattung	485,00	**II. Fremdkapital**	
II. Umlaufvermögen		1. Darlehensschulden	900,00
1. Waren	200,00	2. Verbindlichkeiten a. LL	176,00
2. Forderungen a. LL	135,00		
3. Kasse	95,00		
4. Bank	680,00		
	4.395,00		*4.395,00*

Ok, ich bin zu weich – die Eröffnungsbuchungen dürfen Sie **zusammenfassen**!

Grundbuch			**„Abschlussprüfung!"**		
				Seite	1
Lfd. Nr.	**Buchungsdatum**	**Geschäftsvorfall**	**Buchungstext**	**Soll €**	**Haben €**
		Eröffnungsbuchungen			
1	01.01.20..	**Eröffnung** aller aktiven Bestandskonten	*aktive Bestandskonten an EBK*	*4.395,00*	*4.395,00*
2	*01.01.20..*	*Eröffnung aller passiven Bestandskonten*	*EBK an passive Bestandskonten*	*4.395,00*	*4.395,00*
		laufende Geschäftsfälle			
1		*Kauf einer Spülmaschine*	*Geschäftsausstattung + Vorsteuer an Verbindlichkeiten a. LL*	*145,00* *27,55*	*172,55*
2		*Barzahlung einer Reparatur*	*Fremdinstandsetzung + Vorsteuer an Kasse*	*24,50* *4,66*	*29,16*

3		Verschiedene Banklastschriften	Versicherungsbeiträge + Wareneingang + Vorsteuer an Bank	16,00 36,00 6,84	 58,84
4		Verschiedene Bankgutschriften	Bank an Forderungen a. LL + Privat	430,00	 280,00 150,00
5		Verschiedene Kassenausgaben	Büromaterial + Vorsteuer + Verbindlichkeiten a. LL an Kasse	12,18 2,32 38,00	 52,50
6		Zielverkauf	Forderungen a. LL an Warenverkauf + Umsatzsteuer	257,04	 216,00 41,04
7		Privatentnahme	Privat an Eigenverbrauch + Umsatzsteuer	7,14	 6,00 1,14
8		Zieleinkauf	Wareneingang + Vorsteuer an Verb. a. LL	19,50 3,70	 23,20
9	22.12.20..	**Beleg 382** Zielverkauf	Forderungen a. LL an Warenverkauf + Umsatzsteuer	5,10	 4,29 0,81
10	22.12.20..	**Beleg 383** Zieleinkauf	Wareneingang + Vorsteuer an Verbindlichkeiten a. LL	25,00 4,75	 29,75
11	22.12.20..	**Beleg 384** Kauf Geschäfts-ausstattung	Geschäftsausstattung + Vorsteuer an Verbindlichkeiten a. LL	37,50 7,13	 44,63
12	22.12.20..	**Beleg 385** Privatentnahme	Privat an Bank	119,00	 119,00

Hauptbuch

„Abschlussprüfung!"

Soll — **Eröffnungsbilanzkonto** — **Haben**

Soll		Haben	
Eigenkapital	3.319,00	Gebäude	2.800,00
Darlehnsschulden	900,00	Geschäftsausstattung	485,00
Verbindlichkeiten a. LL	176,00	Waren	200,00
		Forderungen a. LL	135,00
		Kasse	95,00
		Bank	680,00
	4.395,00		4.395,00

Hauptbuch	„Abschlussprüfung!"

Gebäude

S			H
EBK	2.800,00	SBK	2.800,00

Darlehensschulden

S			H
SBK	900,00	EBK	900,00

Geschäftsausstattung

S			H
EBK	485,00	SBK	667,50
1) Verb.	145,00		
11) Verb.	37,50		
	667,50		667,50

Eigenkapital

S			H
SBK	3.435,97	EBK	3.319,00
		Privat	23,86
		GuV	93,11
	3.435,97		3.435,97

Waren

S			H
EBK	200,00	SBK	200,00

Privat

S			H
7) Eigenv./USt	7,14	4) Bank	150,00
12) Bank	119,00		
Eigenkapital	23,86		
	150,00		150,00

Forderungen a. LL

S			H
EBK	135,00	4) Bank	280,00
6) WV/USt	257,04	SBK	117,14
9) WV/USt	5,10		
	397,14		397,14

Warenverkauf

S			H
GuV	220,29	6) Ford.	216,00
		9) Ford.	4,29
	220,29		220,29

Kasse

S			H
EBK		2) Fremd./VSt	29,16
		5) Bü/Verb/VSt	52,50
		SBK	13,34

Eigenverbrauch

S			H
GuV	6,00	7) Privat	6,00

Bank

S			H
EBK	680,00	3) Vers/WE/VSt	58,84
4) Ford/Privat	430,00	12) Privat	119,00
		SBK	932,16
	1.110,00		1.110,00

Wareneingang

S			H
3) Ba	36,00	GuV	80,50
8) Vers	19,50		
10) Vers	25,00		
	80,50		80,50

Verbindlichkeiten a. LL

S			H
5) Ka	38,00	EBK	176,00
SBK	408,63	1) Gesch./VSt	172,55
		8) WE/VSt	23,20
		10) WE/VSt	29,75
		11) Gesch./VSt	44,63
	446,13		446,13

Fremdinstandsetzung

S			H
2) Kasse	24,50	GuV	24,50

Büromaterial

S			H
5) Ka	12,50	GuV	12,18

Hauptbuch	„Abschlussprüfung!“

Versicherungsbeiträge

S			H
3) Bank	16,00	GuV	16,00

Vorsteuer

S			H
1) Verb.	27,55	USt	42,99
2) Kasse	4,66	SBK	13,96
3) Ba	6,84		
5) Ka	2,32		
8) Verb.	3,70		
10) Verb.	4,75		
11) Verb.	7,13		
	56,95		56,95

Umsatzsteuer

S			H
VSt	42,99	6) Ford.	41,04
		7) Privat	1,14
		9) Ford.	0,81
	42,99		42,99

GuV

S			H
Wareneingang	80,50	Warenverkauf	220,29
Fremdinst.	24,50	Eigenverbrauch	6,00
Büromaterial	12,18		
Versicherungen	16,00		
Eigenkapital	93,11		
	226,29		226,29

Grundbuch			„Abschlussprüfung!“	Seite	3
Lfd. Nr.	Buchungs-datum	Geschäftsvorfall	Buchungstext	Soll €	Haben €
		Vorbereitende Abschlussbuchungen			
1	31.12.20..	**Abschluss** des GuV- Kontos	GuV an Eigenkapital	93,11	93,11
2	31.01.20..	Abschluss des Kontos Privat	Privat an Eigenkapital	23,86	23,86
3	31.01.20..	Umbuchung der Vorsteuer zur Ermittlung des Vorsteuerüberhangs	Umsatzsteuer an Vorsteuer	42,99	42,99

Soll	Schlussbilanzkonto		Passiva
Gebäude	2.800,00	Eigenkapital	3.435,97
Geschäftsausstattung	667,50	Darlehensschulden	900,00
Waren	200,00	Verbindlichkeiten a. LL	408,13
Forderungen a. LL	117,14		
Vorsteuer	13,96		
Kasse	13,34		
Bank	932,16		
	4.744,10		4.744,10

Grundbuch			„Abschlussprüfung!"		
				Seite	4
Lfd. Nr.	Buchungs-datum	Geschäftsvorfall	Buchungstext	Soll €	Haben €
		Abschluss-buchungen			
1	31.01.20..	Abschluss aller aktiven Bestandskonten	SBK an aktive Bestandskonten	4.744,10 4.744,10	 4.744,10
2	31.01.20..	Abschluss aller passiven Bestandskonten	passive Bestandskonten an SBK		 4.744,10

Aktiva	Schlussbilanz		Passiva
I. Anlagevermögen		I. Eigenkapital	
1. Gebäude	2.800,00	1. Eigenkapital	3.435,97
2. Geschäftsausstattung	667,50	II. Fremdkapital	
II. Umlaufvermögen		1. Darlehensschulden	900,00
1. Waren	200,00	2. Verbindlichkeiten a. LL	408,13
2. Forderungen a. LL	117,14		
3. Vorsteuer	13,96		
4. Kasse	13,34		
5. Bank	932,16		
	4.744,10		4.744,10

88. Arbeitsauftrag:

- Schließen Sie die **Lücken** und bearbeiten Sie das **Rätsel**!

<u>**Hinweis:**</u> Setzen Sie: ä = **ae** / ö = **oe** / ü = **ue**

Waagerecht	Ergänzen Sie!
1	Hierzu gehören alle Vermögensteile, die verkauft werden oder nur einmalig genutzt werden: Umlaufvermögen.
3	Passive Bestandskonten tragen ihren Anfangsbestand auf der Haben-Seite.
5	Wie wird die Umsatzsteuer landläufig genannt: Mehrwertsteuer.
8	Bei der privaten Warenentnahme werden nur die Bezugspreise in Rechnung gestellt.
12	Erfolgskonten untergliedern sich in Aufwendungen und Erträge.
13	Sind die Aufwendungen größer als die Erträge, so liegt ein Verlust vor.
14	In der Bilanz informiert die Passiv -Seite über die Herkunft der Mittel.
Senkrecht	
1	Ist die Umsatzsteuer größer als die Vorsteuer, so spricht man von einer Umsatzsteuerzahllast.
2	Durch Auflösen der Aktiv- und der Passivseite der Bilanz werden die Bestandskonten gebildet.
4	Wer bezahlt letztendlich die Umsatzsteuer? Endverbraucher
6	Im Inventar nennt man die Differenz von Vermögen und Verbindlichkeiten: Reinvermögen.
7	Erfolgskonten sind Unterkonten des Kontos: „Eigenkapital".
9	Wird eine Umsatzsteuerzahllast am Jahresende auf das SBK übertragen, so nennt man dies Passivierung
10	Das Konto „Forderungen" ist zum Beispiel ein aktives Bestandskonto.
11	Auf Eingangsrechnungen lautet die Umsatzsteuer: Vorsteuer.
15	Bei aktiven Bestandskonten werden die Mehrungen auf der Soll -Seite gebucht.

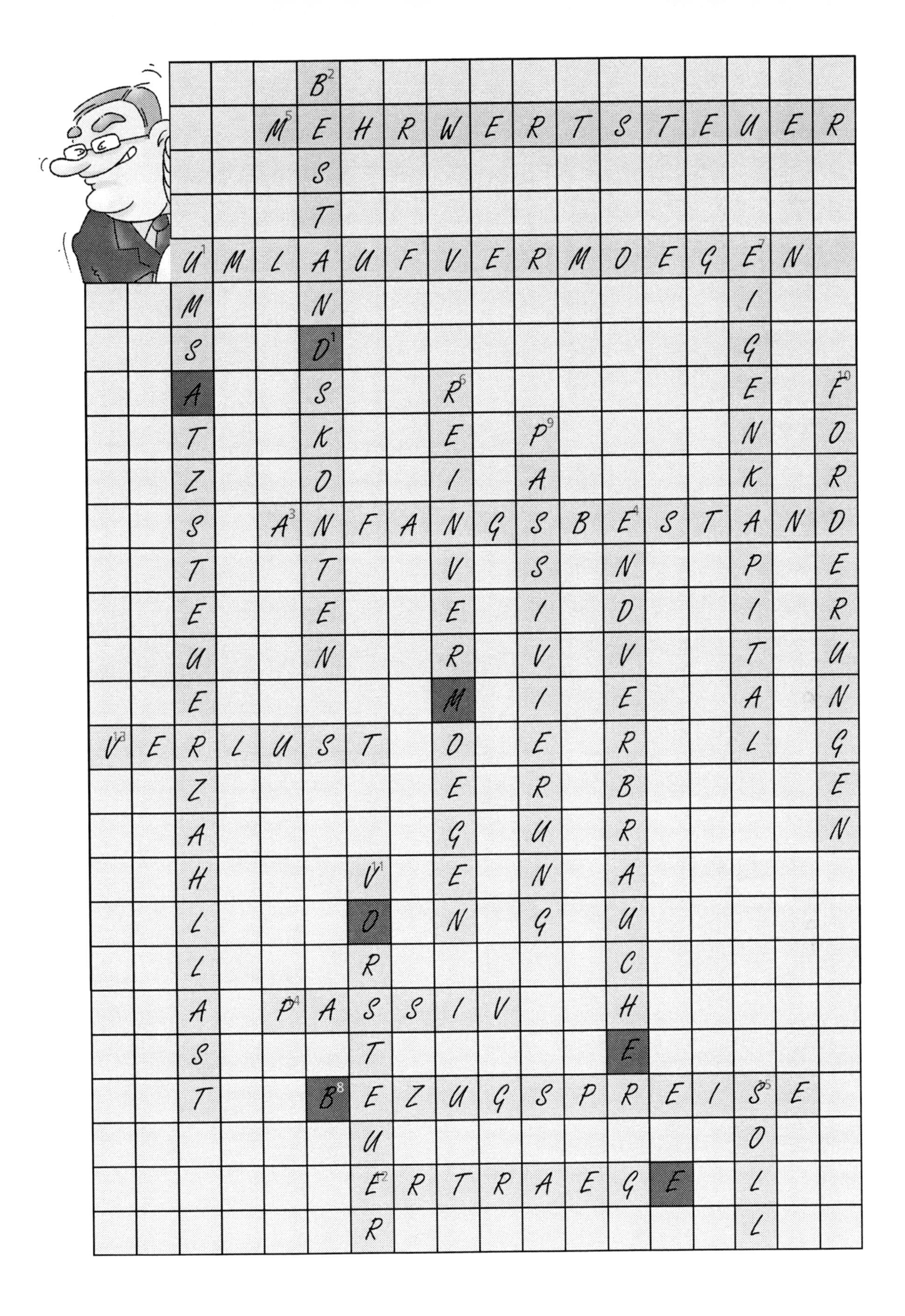

Lesen Sie die roten Kästchen von oben nach unten und Sie erfahren den Namen des **Ruderbootes**, mit dem Hausmeister Kruse am Wochenende zum Angeln hinausfährt!

A	M	O	E	B	E

Des Rätsels Lösung!!!

Am Abend im Familienkreis:
Chips und Cola – alles kein Problem für mich! Wie lautet noch mein Spitzname?
Aah, gleich hebt er wieder ab!
Spitzname? Ich gebe dir gleich „Spitzname" – der Hase hat Hunger!
Wieso der „Hase"?

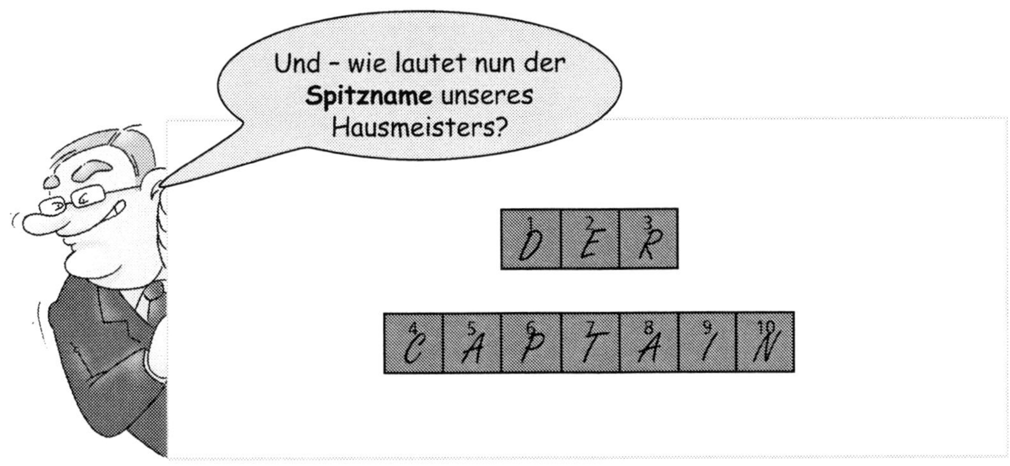

Und – wie lautet nun der Spitzname unseres Hausmeisters?
D E R
C A P T A I N

Am nächsten Morgen:
Na Ralf – an der Kioskbar sind Sie wohl munterer als im Unterricht. Die Trennung zwischen Privat- und Schulleben gelingt Ihnen ausgezeichnet! Aber, mein Spitzname ist Programm!!
Ups – der „Schleifer" wird unangenehm!
Herr Lehrer Klamm – erfahren wir im zweiten Band des Arbeitsbuches denn mehr über Sie???
Ende

Notizen